Foto de portada por www.deliophotostudio.com
Editor: Nahum Sáez
Diseño Interior: Grupo Nivel Uno, Inc.

ISBN-10. 0-89922-649-3
ISBN-13: 978-0-89922-649-1

Impreso en Estados Unidos de América

Hada María Morales

No arrugue
que no hay quien
planche

002000252191

GRUPO NELSON
Una división de Thomas Nelson Publishers
Desde 1798

NASHVILLE   DALLAS   MÉXICO DF.   RÍO DE JANEIRO   BEIJING

Contenido

Dedicatoria

Este libro está dedicado a las personas que están a punto de gritar: «Paren el mundo que me quiero bajar», y que se levantan cada día desanimadas haciendo de sus vidas, y la de los demás, una experiencia aburrida y estéril.

Con todo mi corazón quiero llegar al de ustedes con un mensaje de aliento y, sobretodo, provisto de la suficiente fuerza que les haga cambiar de parecer y que, en vez de bajarse del mundo, se acomoden, revisen sus vidas, se motiven a hacer cambios, se llenen de optimismo y se queden para verlo todo.

También quiero dedicarlo a todos aquellos que ya se percataron de que la vida que Dios nos dio vale la pena vivirla, que no hay necesidad de parar al mundo sino todo lo contrario, más bien hay que pararse en la brecha y seguir adelante, sin arrugarse ante las circunstancias de la vida y que, aun con todo, se han dado a la tarea de llevar palabras de aliento a los demás dondequiera que van.

A mi amado hijo Roger Francisco, un ejemplo de perseverancia para mí y a quien admiro por ser valiente y tenaz para llegar a las metas que se va proponiendo en su vida.

A mi queridísimo Rodrigo, tan parecido a mí en tantas cosas y quien calzando sus botas de soldado ha ido en pos de su destino.

A ellos, mis hijos varones, que han sido testigos de la transformación de su madre a bordo del mundo y luchando por sus ideales.

A mi no menos amada hija María Alexandra, que finalmente ha encontrado el sentido de su vida.

Sobretodo por su amor constante a mí y por sus

llamadas a tiempo y a destiempo. A mi pequeña Valerie, con su contextura delicada y dentro de la cual se está formando un corazón que sabe que es necesario seguir a bordo del mundo para disfrutar de todas las cosas y bendiciones hermosas que Dios tiene para ella.

También, aunque parezca fuera de lugar, me lo dedico a mí misma; pues aunque haya tenido algo que ver con todo esto, siempre me caerá bien estar consciente de que no debo arrugarme, pues no hay quien planche.

Por favor, disfruten de la vida.

Prólogo

Hada María Morales, autora de este libro –No *arrugue que no hay quien planche*–, además de escritora es mi mamá y es de ella de quien quiero hablarles.

Como escritora ya ustedes la han ido conociendo a través de los diferentes libros que ha escrito, también como persona ya que en sus obras deja ver lo que es. Sin embargo, deseo expresarles el legado que ha ido forjando en mi vida como hija y como mujer.

Además de ser mi madre, es un gran ejemplo para mí; de ella he aprendido, entre otras cosas, el valor de la perseverancia y puedo decirles que soy su admiradora número uno, la presidenta de su club de «fans».

La he visto ponerse en pie y no darse por vencida, ya que dice que ha adquirido un compromiso con Dios y que no se va a echar a correr al primer problema que enfrente. Esa actitud de luchadora ha sido para mí un modelo de vida y cuando me siento frustrada, que las cosas no me salen como espero y estoy a punto de tirarlo todo, pues el desaliento es mucho, pienso en ella y tengo presente esa actitud muy suya de seguir adelante. Así como lo expresó mi hermana Valerie en el prólogo de uno de sus libros, que mi mamá es como el conejo de la televisión que sigue y sigue y sigue..., la describió tal cual. Y entonces me levanto para continuar el camino.

Pienso que si ella a sus cuarenta y cinco años decidió alcanzar su sueño de escribir y publicar su primer libro, ¿cómo no voy yo a poder lograr mis sueños? ¡De eso nada! Ella ya lleva siete libros publicados y es una comunicadora tremenda en medios de comunicación como la radio y la televisión.

No dudo que este libro, que refleja la manera de vivir con gozo de mi mamá y su ejemplo de compromiso con Dios PERSEVERANDO, será una herramienta que le va a ayudar cuando las fuerzas estén casi en cero y tenga que seguir adelante porque si se arruga no habrá quien planche.

Me uno a mamá en su deseo de motivarles y llevarles aliento de parte del propio corazón de Dios ya que palpita en cada una de las páginas de este libro.

Doy gracias a Dios por ella y a ustedes por recibir su libro.

–María Alexandra Morales

Introducción

Mis queridos amigos:

Este libro, con un título tomado de una expresión popular de nuestro pueblo latinoamericano, contiene en sus páginas una fuente de ánimo emanada del corazón —de esta escritora— inundado por el amor de Dios y por el cual siente un agradecimiento infinito ya que la rescató y le dio la oportunidad de conocerlo, amarlo y servirlo. Esta solo es una forma sencilla de decirle que cuando Dios está entronizado en nuestras vidas, no hay chance para arrugarse pues ¡no hay quien planche! La vida continúa y nos presenta oportunidades y retos que debemos enfrentar con valentía.

Le doy tantas gracias a mi Señor por ese sentido del humor tan latinoamericano, con el cual ha salpicado mi existencia, y que en los tiempos cuando no le conocía era solo una manera divertida de llevar las penas, pero que después de conocerlo se convirtió en una manera de vivir con gozo a pesar de las circunstancias que la vida me pone en el camino.

Creo que Dios nos da a todos la oportunidad de que lo que hacíamos antes bien, ahora lo hagamos mejor para Él y para compartirlo con los demás. Me emociona pensar en esa «chance» que me dio para poder expresarme a través de la palabra escrita, con la única motivación de GLORIFICAR su nombre y animarlo a usted a hacerlo también.

No arrugue que no hay quien planche, si bien es cierto que es una frase popular, le sugiero que no la tome a la ligera. Simplemente es una manera de decirle: «¡Esfuércese y sea valiente!»

Bien sabemos, y hasta Dios lo dice en su Palabra, que hay tiempo para todo y este es el tiempo de animarse, de reír y de tomar la decisión de ser esforzados y valientes, tiempo de creerle a Dios, alabar su nombre y gozarnos en Él.

En otras palabras, querido amigo y amiga, es tiempo de que: *No arrugue que no hay quien planche.*

Entonces, ¿me acompaña? Está listo o lista para emprender el viaje por las páginas llenas de ánimo de este libro.

¡Feliz viaje!

1

Mi póliza de seguros: El salmo 91

«El que habita al abrigo del Altísimo
Morará bajo la sombra del Omnipotente».
Salmo 91.1

Querido lector, quiero pedirle algo muy especial: cierre el libro y vaya al salmo 91, léalo completo, atesórelo en su corazón y medite en él. Es de esta fuente hermosa y perfecta que emana el amor y la seguridad de que bajo sus alas estaremos confiados.

Lo que yo pueda expresarle a través de este capítulo solo será una experiencia humana del corazón buscando nexos para que juntos alabemos al Señor y vivamos dando testimonio al mundo del Dios en el que hemos confiado: «Mi Dios, en quien confiaré».

Hay escritores cristianos que poseen una habilidad extraordinaria para desmenuzar la Palabra de Dios y son de gran ayuda para nosotros, pero me encanta saber que Dios también trata con personas comunes y corrientes como usted y como yo, para entregarnos un mensaje con el fin de hacerlo vida en nosotros.

Me asusta el hecho de que andemos pregonando que somos cristianos y al primer «ruidito de los caites», como solemos decir en mi amada Nicaragua, cuando nos asustamos por cualquier cosa, salimos corriendo.

Confiar en Dios no es algo que se establezca de la noche a la mañana. Solo cuando conocemos su amor reflejado en su Palabra, su valentía expresada en sus hechos, su constancia manifestada en su pacto –con todos aquellos que se comprometen con Él–, es que va volviéndose sólida esa confianza. Pienso que primero hay que tomarse el tiempo para conocerlo, dando como fruto el que lo amemos y, sin esperar tantas piruetas, concretar el deseo ardiente de servirlo.

Y ese es el proceso que he tenido que pasar.

Cuando me sumerjo en el salmo 91, me invade una sensación real de seguridad al saber que me librará del brazo del cazador. Y bien sabemos que no es ese cazador de las películas, con botas y un rifle, sino del cazador «polifacético» que se disfraza de cuanta cosa puede para llevarnos como sus presas.

Dice que nos librará de la peste destructora, que no es solamente una enfermedad sino también cualquier adicción o tendencia al pecado con frutos amargos y malolientes.

Continúa diciendo que no temeremos al terror nocturno y no solo para nosotros, sino para nuestros hijos; que en esa etapa de la juventud andan muchas veces por caminos que nosotros –y a veces ni ellos mismos– conocemos poniendo sus vidas en peligro. Sin embargo, los que conocemos la eficacia de la oración sabemos que es la única manera de protegerlos, pues nuestro Dios –en el cual hemos confiado– es firme en su pacto.

Y me conmueven los versículos 9, 10, 11 y 12 (énfasis agregado):

Porque has puesto a Jehová, que es mi esperanza,
Al Altísimo por tu habitación,
No te sobrevendrá mal,
Ni plaga tocará tu morada.
Pues a sus ángeles mandará acerca de ti,
Que te guarden en todos tus caminos.
En las manos te llevarán,
Para que tu pie no tropiece en piedra.
Sobre el león y el áspid pisarás;
Hollarás al cachorro del león y al dragón.

Y ahora viene la parte de nosotros:

Por cuanto en mí *ha puesto su amor*, yo también lo libraré;
Le pondré en alto, *por cuanto ha conocido* mi nombre.
Me invocará, y yo le responderé;
Con él estaré yo en la angustia;
Lo libraré y le glorificaré.
Lo saciaré de larga vida,
Y le mostraré mi salvación.

Y hasta aquí mi participación, ya no tengo
palabras vanas de hombre. Él ya lo ha
dicho todo y no puedo dejar de postrarme
de rodillas ante su GRANDEZA.

2

Busque a Dios diligentemente

Son las 3:30 de la madrugada de ese frío mes de enero. Está cayendo un tremendo aguacero que sirve de marco a un silencio muy preciado en esta casa, donde siempre hay ruido. Aunque doy gracias a Dios por la bulla de mis seres amados, esos raros momentos en que puedo escribir sin interrupciones son una delicia.

No podía escribir este libro dedicado a promover –por decirlo de alguna manera– una vida llena de optimismo y deseos de aprovechar lo que Dios ha preparado para cada uno de nosotros, sin mencionar lo importantísimo que es buscar su rostro. Es precisamente en esos momentos de intimidad con Él que suceden cosas extraordinarias como la aniquilación del temor y el afianzamiento de unos lazos hermosos y fuertes con nuestro Padre celestial.

Puedo decirles, desde lo más profundo de mi corazón, que no conozco otra manera de vivir y de saber lo que Dios tiene para mí que buscándole día a día diligentemente.

Creo que nuestro Dios es un Dios vivo, activo, dinámico, que tiene mucho que darnos, pero que desea que nos «sintonicemos» con Él con ese mismo dinamismo para llevarnos a lugares que ni siquiera podemos imaginar.

Quiero decirles que Josafat buscó al Señor con todo su corazón y se humilló, apartó tiempo para buscar a Dios y en ese tiempo de intimidad con Él fue cuando recibió las instrucciones para poder vencer al enemigo en una guerra en la que todo apuntaba a que los iban a hacer polvo. Si no hubiese buscado a Dios diligentemente, sin demoras –debido a que tenía su agenda muy ocupada–, la historia se hubiese escrito de otra manera. Esta diría: «Y fueron derrotados de la manera más fácil», como diríamos en América Latina: «Pan comido».

Jeremías nos dice que busquemos a Dios con TODO nuestro corazón y esto es, mis amados, lo que Dios quiere de nosotros, nuestros corazones.

Me gusta mucho el segundo libro de Crónicas cuando nos dice: «Creed en Jehová, vuestro Dios y estaréis seguros, y seréis prosperados».

Y yo pregunto: «¿Cómo podremos saber todo eso y caminar confiados, si no lo buscamos ni conocemos su Palabra?»

Me adelanto a contestar la pregunta: «No sería posible saber sus planes si optáramos por no dedicarle tiempo a Dios, tiempo para conocerlo. Esto no es más que caminar a ciegas o nadar sin protección en una piscina llena de tiburones».

Solo con ardor en el corazón para buscarle y estar con Él podremos vivir en paz aun a «pesar de...». No es en vano que en la Biblia la frase: «No temas», aparezca 366 veces. El año tiene 365 días y todavía hay un «no temas» extra. Así es nuestro Dios de grande, poderoso y sabio

Por ello, cuando esté temeroso y sintiendo que el mundo se lo va a comer, le sugiero lo siguiente:

- Entre en la presencia de su Dios TODOPODEROSO, que hizo los cielos y la tierra.

- Alábele con todo su corazón, así su alma vaya a su presencia en el altar santísimo con una mascarilla de oxígeno o bien en una camilla.

- Recuerde sus promesas, pero eso solo es posible si conoce su Palabra y la única manera de lograrlo es buscándolo. ·

🐦 Muéstrele un corazón agradecido.

Me gusta lo que dice la Palabra de Dios: que el pueblo de Israel escribía sus victorias en estandartes para amedrentar al enemigo y recordarles las bendiciones que Dios les daba, obviamente tenían corazones agradecidos.
No tenemos un Dios con el cual haya que sacar cita o hacer filas interminables para estrecharle su mano o hablar unos minutos con Él. Estas situaciones suelen darse solo con hombres de carne y hueso. Nuestro Dios, al que amamos y servimos, es OMNIPRESENTE y siempre está con su oído y su corazón atentos a nosotros, ¡claro!, siempre y cuando le busquemos de todo corazón.

¿Se ha puesto a pensar en cuán eficientes y diligentes somos para quedar bien con Raymundo y todo el mundo?
Queremos darle tiempo a todos y a todo, pero... ¿tenemos tiempo para Aquel que nos ama y cuida de nosotros?
La invito a que haga un compromiso con Dios para buscar de Él, su Palabra y su dirección, de forma que llevemos una vida llena de paz, de esa paz que sólo Él puede dar.
Vaya a su Biblia y busque:
2 Timoteo 2.15
Proverbios 12.27
Medite en esas porciones de la Escritura y anote lo que le llegue al corazón. Ahora si está lista para buscar a Dios diligentemente, sólo un detallito más:
PERSEVERE.

3

Somos vasijas de honra

Recuerdo cuando era muy pequeña y visitaba la casa de mi abuelo. Me llamaban poderosamente la atención las ánforas de piedra en las que guardaban el agua, eran de un material áspero, pero tenían la cualidad de mantener el agua fresca y conservarla limpia como si fuese de manantial.

Fueron pasando los años y, con la modernidad, las vasijas de roca fueron perdiendo su papel protagónico para convertirse en testigos mudos del pasado y de tiempo mejores, como suelen decir los mayores. Pero estaban ahí, inmóviles, y dándole un cierto toque de nobleza al jardín interior de la casa.

Como niños al fin nos gustaba jugar y «husmear» el interior de las vasijas. Nos acercábamos a la boca de ellas para gritar o jugar a las escondidillas y acurrucarnos detrás de esas moles de roca viva. Cuando las empleadas de la casa nos veían haciendo eso, nos decían que nos iba a saltar una culebra o un sapo del interior del ánfora, por lo que salíamos corriendo. ¡Qué tiempos aquellos!

Con el paso del tiempo me encontré con la hermosura del evangelio y oí eso de «vasijas de honra», por lo que recordé los días correteando alrededor de las vasijas de piedra en el patio de la casona del abuelo. Sin embargo, sentí en mi corazón que las vasijas que somos no podían ser como aquellas de roca áspera, que como centinelas guardaban un líquido precioso y vital.

Y realmente es así, somos vasijas delicadas y hermosas. Siempre y cuando seamos moldeados en el taller del Maestro y por sus manos, esa masa de arcilla –color tierra y sin forma– poco a poco se irá transformando en vasijas de colores, de texturas finas y llamativas, nosotros. Y es lógico, pues alguien que lleva el Espíritu de Dios en su corazón no puede pasar inadvertido.

Por ello, después de haber pasado por ese proceso en manos del Alfarero, nuestro trabajo es hacer honor al que cambió nuestra forma para que emanemos un perfume especial y lo rociemos por donde vayamos, ¿que suena idílico? No en las manos de Dios.

Y aquí, señoras y señoritas, abran paso al versículo que nos enseña lo que nuestro Padre dice de nosotras: «Vosotros, maridos, igualmente, vivid con ellas sabiamente, dando honor a la mujer como a vaso más frágil, y como a coherederas de la gracia de la vida para que vuestras oraciones no tengan estorbo» (1 Pedro 3.7).

Y ¿todavía nos sentimos como «arañas fumigadas» o gallinas en feria? Nada de eso mi amada amiga. No se detenga más ante el temor y ¡ADELANTE!

Tome un ratito para estar a solas con su Padre celestial y medite en esta porción de la Escritura. Para mí fue la llave que abrió el candado que me mantenía atada a la tristeza de haber vivido llena de temores y hasta de complejos. Así que mi querida amiga, levante vuelo y viva gozando de la seguridad que Dios le brinda. Andar como arañas fumigadas es asunto del pasado.

4

Aflicciones de todos colores

¡Ay, Dios mío!, ¿cuándo podré ver aflicciones transparentes? Bueno, a veces lo son, pues son tan leves que si las comparamos con otras palidecen.

Estamos muy mal acostumbrados a ver solo lo que nos incomoda, realmente pensamos que nuestro problema es el peor del mundo. Quiero decirle que si piensa así, le invito a darse un paseíto por los noticieros y que tome en su mano una muestra de colores para que vea que hay algunas de esas noticias –que presentan en la televisión– que son aflicciones negras, pues la oscuridad de la falta de Dios cubre todo entendimiento o rojas, pues el mismo infierno se cierne sobre ellas. La Palabra de Dios dice claramente que tendremos aflicción pero que... Él ha vencido al mundo.

Cuando escribía esto me imaginaba esas cajitas de gelatina –de colores transparentes, pero muy vivos–, y pensé que mis aflicciones eran así, de muchos colores. Sin embargo, puedo ver a través de ellas a un Dios que me ama y que me sustenta así esté cruzando el Niágara en bicicleta.

Cuando nuestros hijos son desobedientes, creo que las aflicciones son como la gelatina anaranjada; pues nos ponen muchas veces al borde de la resistencia y es ahí cuando necesitamos pedirle a Dios discernimiento para poder pasar esa leve tribulación con la mayor paz posible.

Vea si es cierto lo que le digo. Cuando mi hija, que hoy tiene veintidós años, andaba fuera del propósito de Dios –y a pesar de los consejos, correcciones y reprimendas seguía olímpicamente haciendo su voluntad–, yo veía un panorama fatal. En uno de esos días en que uno intima con Dios como si tuviera el alma en muletas, el Señor me dio la manera perfecta para batallar con la situación y me llevó claramente a la mujer de Proverbios 31. Así que empecé a orar por esa situación declarando sobre ella lo siguiente: «Mujer virtuosa, ¿quién la hallará?» Y nombraba a mi hija con dirección y todo.

Hoy puedo decirles con absoluta alegría que solo el Espíritu Santo –que puede guiarnos en oración– está encargado de la edificación de mi hija y que aquella aflicción anaranjada pasó a la historia. Hoy espero en Él con absoluta confianza de que el que empezó la buena obra la terminará.

Otras aflicciones son amarillas y es cuando estamos enfermos, cuando la salud se quebranta y no tenemos fuerzas para seguir adelante, pues en algunas ocasiones no es una simple gripe sino tal vez un cáncer o una enfermedad terminal. Pero de nuevo, solo Dios tiene la última palabra y es quien puede sanar nuestro cuerpo.

Hay aflicciones verdes. Y es cuando estamos asustados, a punto de colgar los guantes, pues la situación financiera es tan difícil que hasta pensamos que Dios se fue de vacaciones y nos dejó abandonados. O que el Banco de la Provisión y su Proveedor y gerente se fueron a bancarrota, pero dice su Palabra que nunca duerme el que guarda a Israel y nosotros somos su pueblo escogido.

¿Y qué con las aflicciones grises? Pueden ser cuando un hijo se va lejos y todo pierde su color, ya sea porque muera o se haya enrolado en el ejército y lo llevan a pelear en las mismas fauces del diablo. Pero la Palabra dice que Él cuidará de nosotros hasta el final de los días y que es nuestro consuelo en tiempos de aflicción.

¿Que si he visto aflicciones rosadas? Lindo color, ¿no? ¡Claro que sí! Pero esas aflicciones ocurren cuando nuestras hijas o hijos, creyendo que han encontrado el amor, toman decisiones equivocadas y nuestras palabras no tienen ningún efecto en ellos. Cuando eso sucede, la única salida es clamar a Dios por ellos y entrar en una batalla campal y silenciosa, solo en oración. Ora con pasión y esa aflicción desaparecerá. Lo sé porque lo he vivido.

¿Y las aflicciones azules? Estas son tremendas, aparecen cuando estamos a punto de ahogarnos aunque tengamos todo. Es cuando nos sentimos sumergidos en un mar de superficialidad y a punto de hundirnos. Al pensar en eso, me pregunto cómo queda un ahogado. Azul, bien azul. Pero Dios está ahí para oxigenar nuestras vidas y darles sentido, para que respiremos ese aire fresco y maravilloso que levanta nuestra existencia. Dios le da sentido y nos permite volar tan alto como el águila.

Hay otras aflicciones que son color café. Surgen cuando caemos derrotados por el peso de las cargas que no podemos resolver por nuestra cuenta y que todavía no decidimos entregárselas a Dios. Su Palabra dice muy claro: «Venid a mí todos los que estén cansados que yo los haré descansar». Solo cuando ponemos nuestras cargas sobre Él es que las aflicciones dejan de ser color café, pues han ascendido al trono de la gracia y Dios tiene cuidado de ellas.

¿Y qué decir de las aflicciones color lila? Ocurren cuando sufrimos violencia familiar, abuso y maltrato. No solo porque nos dejen un ojo morado —sino porque nos despedazan el alma y la vida de nuestros hijos—, esas huellas marcan la piel, además dejan su rastro en el alma y las emociones. Pero cuando reflexionamos en el plan perfecto y maravilloso que Dios tiene para la mujer, incluyendo pensamientos de bien y no de mal, es que podemos dejar atrás el dolor y salir del túnel para vivir conforme al corazón de Dios.

También hay aflicciones blancas, ¿acaso son buenas? ¡Claro que no! Aparecen cuando el enemigo, disfrazado de ángel de luz, invade nuestras vidas con magia y ocultismo, cuando sucumbimos a su «encanto», llevándonos a las puertas del mismo infierno, pues la vida se complica de una manera tan horrible que la paz se muda. Dios no puede habitar en alguien cuyo huésped es el enemigo de las almas. Pero, ¡que no cunda el pánico! Él ya venció al devorador, hace más de dos mil años.

Las aflicciones rojas son las que nos arrancan el corazón cuando nuestros cónyuges o hijos se entregan al alcohol y las drogas; cuando sangramos por dentro, lloramos lágrimas amargas y nos sentimos casi derrotados. Pero ahí está de nuevo el que ama nuestras almas y que dice muy claro: «Clama a mí y yo te responderé y te enseñaré cosas nuevas». Él nos dará un nuevo caminar, con una familia sana en espíritu, cuerpo y alma.

Queridas y queridos amigos, las penas de nosotros –los hombres y mujeres de Dios– jamás llegarán a ser negras, pues aunque Dios es invisible su Espíritu está presente y atento a nuestro dolor, para ayudarnos en los tiempos de aflicción.

El panorama se oscurece cuando nos entregamos dócilmente a la desesperanza. Por ello, mantengámonos firmes, como esos soldados que siempre están listos para la batalla. Aunque nuestras aflicciones sean de muchos colores, Él está con nosotros y ha prometido estarlo hasta el fin de nuestros días.

En el mundo tendremos aflicción, pero ¡Él ha vencido al mundo!

Querida amiga, ¿qué le dice
su paleta de colores?
¿Está lista para ver la mano
de Dios a través de ella?
Si no lo está, permítame sembrar en su
corazón esta palabra de aliento que viene
del mismo corazón de Dios, atesórela
y siéntase segura de que Él está ahí, al
alcance de su mano:
«Me gozaré y alegraré en tu misericordia,
Porque has visto mi aflicción;
Has conocido mi alma en las angustias.
No me entregaste en mano del enemigo;
Pusiste mis pies en lugar espacioso.»
Salmo 31.7,8

5

La mujer, centro de las cuatro patas de la mesa

Estoy sentada, por supuesto, en una silla de cuatro patas y mi pequeña computadora está sobre una mesa de cuatro patas. Observo alrededor las diferentes mesas de mi casa, hay unas que tienen una sola pata en el centro, pero al final están las cuatro patas necesarias para mantener el equilibrio.

Así es la vida de la mujer que trata de sobrevivir cuerda a tantas cosas que debe realizar día tras día. Debe mantener un equilibrio que solo se logra con la SABIDURÍA que proviene de Dios.

No hablo de mujeres perfectas como las que nos tratan de vender las revistas, sino de mujeres equilibradas y conscientes del papel que Dios ha asignado para ellas.

La vida de hoy es un completo corre corre. En ese escenario se requiere el orden de prioridades. Por ello es necesario aprender a distinguir entre lo urgente y lo importante. Muchas veces andamos como con una sirena de bomberos porque no hemos pensado en este detalle y todo lo calificamos como urgente sin que lo sea.

En mi libro *Vístete para triunfar* enfoco este tema en el área laboral, aunque creo que vale la pena que lo piense y lo use en su área particular.

No son pocas las veces cuando estamos a millón por hora porque no sabemos qué fue primero, el huevo o la gallina; en otras palabras qué es lo urgente y qué lo importante.

Y se nos va la vida apagando incendios y en esa parafernalia queremos que Dios sea el jefe del cuerpo de bomberos, cuando en realidad somos nosotros los que debemos resolver esos asuntos.

Por ejemplo, analicemos un caso muy simple. Hay dos actividades por realizar, la primera es llamar para pagar la luz que están a punto de interrumpir el servicio y la otra es llamar al pediatra por los resultados de los exámenes de su hijo. Ambas son urgentes, por supuesto, las dos merecen nuestra atención pero ¿cuál de las dos es la más importante? Yo creo, sin lugar a dudas, que llamar al pediatra aunque sea muy probable que no conteste de inmediato, pero no podemos arriesgarnos a que nos cierren la oficina. El pago de la luz puede hacerse por teléfono en el espacio de veinticuatro horas. Ahí está el asunto, mi amiga, detenerse, pensar un poco y actuar. Por ello es tan importante utilizar la agenda, ese es el «norte» que necesitamos para poder actuar con la cabeza en orden y salir ilesos de tantos asuntos pendientes. ¡No conozco otra manera de vivir!

El solo hecho de pensar que mientras escribo, mi mesa pierda una pata, sería un desastre pues no es la computadora lo único que está sobre ella, también hay muchos libros, mi vaso con lápices, una planta muy hermosa, las fotos de mis hijos, unas velitas en forma de «ladybugs» que me regaló mi hija María Alexandra, una casita de cerámica –regalo de mi hermana gemela– donde guardo cositas de oficina. Así que ya se podrá imaginar si mi mesa pierde una pata, ¡hasta yo me caería con todo!

Así vivimos las mujeres de hoy, con muchas cargas sobre nuestros hombros y los cuatro pilares que nos sostienen son:

La oración
La fe
El amor
La perseverancia

Por lo menos para mí, tal vez las cuatro patas de su mesa sean otras; pero siempre, siempre deben ser VALORES. Principios que nos afiancen, estabilicen y nos dejen saber que vale la pena vivir, luchar, reír y hasta llorar.

Si una de las patas de la mesa se resiste a estar en pie, la pata del centro se resiste a que aquella se salga con la suya. ¿Parece un juego de palabras? Sin embargo, créame que no lo es. Esas somos nosotras, sí, usted y yo, a las que muchas veces se nos va la vida apagando incendios. Por ello es que necesitamos de la oración, la fe, el amor y la perseverancia, para sostenernos en pie.

Por ello, Padre amado, te ruego con todo mi corazón que me sostengas de tu mano; porque, como bien sabes, las mujeres estamos llamadas a ser un pilar fuerte en nuestro hogar; y sin ti, Papá, es imposible sostenerse ante los embates da la vida. Hoy te entrego mi corazón y ruego que me escondas bajo tus alas. Amén. ¡Adelante!

6

Cristianas chillando llantas

El mundo de hoy sin duda alguna está lleno de oportunidades para avanzar como mujeres del reino, pero ojo... si una oportunidad no es respaldada por Dios se nos irá de las manos, pues sin la paz que produce la confirmación divina a nuestros proyectos todo se vuelve cuesta arriba. Cuando nos empecinamos en alcanzar las cosas sea como sea, y lo logramos con nuestros esfuerzos muchas veces ni siquiera tenemos aliento para disfrutarlas.

Sé que muchas de nosotras estamos deseando y hasta orando porque el Señor nos dé a conocer su propósito con nosotras y eso es maravilloso, pero cuando Él se lo diga aférrese a Él y sea OBEDIENTE. Eso solo se consigue en completa y absoluta COMUNIÓN DIARIA con Dios. No se ponga a inventarle y crearle a su propósito propositos, como hijitos, pues el asunto se enreda. Cuando Dios nos da una pauta es claro, preciso y después de eso nos da a conocer algo así como un mapa en el que Él va adelante trazando el camino, abriendo o cerrando puertas.

No hay duda de que las mujeres jugamos un papel fundamental tanto en nuestros hogares como en las congregaciones a las cuales pertenecemos, pero eso no significa que debamos ser los floreros de todas las mesas ni las «mayordomas» de cuanto ministerio exista.

No podemos olvidar que nuestro primer ministerio es el hogar, nada justifica que usted se pase horas y horas ensayando en el coro de la iglesia y su esposo e hijos estén en su casa delirando por falta de amor y de hambre porque la señora se ha pasado el día «afinando» la voz para cantarle al Señor.

Por favor, no me malinterprete. Sé que debemos servir al Señor con excelencia, pero su hogar es primero pues Él nos pedirá cuenta de esos tesoros que un día le pedimos y que nos concedió. No dude que tarde o temprano deberán integrarse a la sociedad y más nos vale –a usted y a mí– que les hayamos dedicado tiempo y energías para prepararlos y sobre todo que les hayamos sembrado fe en sus corazones.

Con esto que le estoy tratando de comunicar, no crea que mi objetivo sea enviarle un mensaje negativo o que las sobras sean para Dios, no. Él irá acomodándole a usted su tiempo y sus actividades para que –sin descuidar su hogar– le sirva con EXCELENCIA.

Muchas de nosotras, creyendo servir a Dios, llegamos a todos lados exhaustas y chillando llantas. ¿Por qué? Muy sencillo. Estamos involucradas en tantas cosas que hasta el tiempo de manejar con cordura se nos agota y vamos como culebras zigzagueando a todo lo que da, hechas unos bólidos porque hay que llegar a tiempo al ensayo y, eso sí, con la calcomanía del pececito que nos identifica como cristianas, dejando tras nosotras a chóferes enfurecidos y transeúntes dando saltos en las aceras.

Creo firmemente que Dios no trabaja a la loca, Él es un Dios sabio y organizado, y para muestra un botón: la creación misma pudo hacerla como le diera su santa gana, total es Dios. No había testigos, ni políticos, ni medios de comunicación para criticarlo. Sin embargo, siguió un orden perfecto en sus cosas y así quiere que nosotras –sus amadas hijas– llevemos nuestras vidas. Uno de los descubrimientos más hermosos que hice cuando conocí el evangelio fue el que Él solo mira los corazones. Así es que eso me hizo pensar que a Él no le interesa ni le impresiona el hacer sino el ser mismo,

como somos nosotras y como está nuestro corazón.
¡Qué lindo es el Señor!

Obviamente primero es el ser y después el hacer.

Por ello cuando intentamos poner en marcha una empresa en el reino de Dios, y en otras áreas de nuestras vidas, lo primero que debemos saber es quiénes somos, conocernos a nosotros mismos, y eso nos dará la pauta para establecer nuestros puntos fuertes y los débiles con esos «activos» y es entonces –y solo hasta entonces– cuando comienza la obra del hacer.

No es precisamente por «sabias» que a veces nos metemos en «berenjenales» o en «camisas de once varas», como se dice popularmente, por ejemplo, cuando escogemos carreras en la universidad que nada tienen que ver con nosotros. Sé de personas, como el caso de mi hija Alexandra que cambió de carrera dos veces, que eran buenas para los negocios pero su verdadera vocación no es la administración de empresas sino la nutrición. ¿Por qué? Porque esa si es ella. La nutrición es su negocio.

Y así mi hermana, podría seguirle enumerando más y más cosas; pero la verdad es que Dios primero quiere que sepamos quiénes somos y después nos dará el hacer.

Mis días son tremendamente ocupados. Comienzan a las cinco de la mañana y, si no fuera por ese tiempo a solas con Dios en mi caminata de veinte minutos diarios, no llegaría ilesa ni a las seis de la tarde, menos a las diez de la noche, que es cuando por lo general voy a dormir. Hay días en que con dificultad llego a las ocho de la noche, es por ello que solo bajo la dirección del Señor podemos lidiar con agendas apretadas pero no sobrecargadas.

Una de las cualidades que Dios me dio –TODA la HONRA para Él– es que soy ORGANIZADA; de lo contrario no podría estar aquí a las siete de la mañana de un 4 de enero de 2006 escribiendo con mi pequeña computadora –regalo precioso de mi no menos precioso y amado hijo mayor Roger Francisco–, en medio de un bosque; pues estoy de campamento y tratándole de sacar el jugo a este bello lugar, con una temperatura de 45 grados Fahrenheit y deteniendo mis manos en el teclado para contemplar una manada de venados que confiadamente pastan enfrente de mí.

¿Por qué menciono todo esto? Porque gracias a que ahora sé quién soy, es que puedo hacer lo que hago. Casi todo lo que hago lo disfruto, dije casi pues manejar no me gusta nada y sacudir tampoco pero... no me queda otra y lo hago pues no es posible que una de las cosas que más disfruto en la vida que es escribir y la otra jardinería ocupen todo mi tiempo. Vamos otra vez a lo mismo: orden de prioridades.

La Hada María que llegaba a millón por hora a todos lados es cosa del pasado. Dios trajo paz a mi corazón, orden a mis actividades y créanmelo, que yo no hago nada sin consultar al Señor, pues como ya sé quién soy como siguiente paso debo saber a dónde voy.

Mi querida amiga, organícese y analice su vida. Pídale al Señor que la guíe y si al establecer el orden de prioridades debe dejar algunas cosas por un tiempo, no dude en hacerlo; así podrá servir mejor tanto a su familia como a un ministerio.

¡No más cristianas chillando llantas!

No dude que si Dios es el gran ausente de nuestros proyectos, TODO se nos pondrá cuesta arriba. Es más, cuando nos empecinamos en alcanzar algo –sea como sea– y lo logramos al punto que quedamos sin aliento, es probable que el GOZO haga sus valijas y también se ausente. Entonces, ¿para qué tanto afán? Las mujeres jugamos un papel muy importante, pero cuando nos sentimos imprescindibles y nos creemos «supermujeres» es que ya el asunto, como dice una canción, huele a peligro.

Juntas, usted y yo, hagamos un alto, dejemos la lectura a un lado y oremos de todo corazón:

«Padre amado, me he ocupado tanto en el hacer que olvidé quién soy y he perdido de vista el verdadero propósito para el que me creaste. Hoy Padre, y en el nombre de Jesús, te pido que pongas orden y paz en mi vida para servirte no a millón por hora sino con excelencia y frutos de GOZO».

Lea el salmo 39.6-7 y Mateo 6.28.

Ahora, en la página que dejamos en blanco, escriba sus responsabilidades en orden de prioridad y organícelas. Haga un horario con ellas y asígneles el tiempo y el espacio necesarios.

7

Fuimos creadas para triunfar

¡Cómo me gusta esto! Siento que mi corazón salta de optimismo pues ya que el Dios Todopoderoso –a quien conozco, amo y sirvo– piensa en mí con propósitos grandes, tan grandes como Él mismo.

Ojo no es que seamos dioses o estemos a su mismo nivel, sino que en su mente hermosa e infinita piensa en nosotras con planes extraordinarios y yo vivo eso día a día.

¿Le parece poco el hecho tan especial de que mi escoba se haya transformado en una pluma y esta en una computadora para desarrollarme conforme a los planes que Dios tiene para mí como escritora? El hecho es que mi Señor hace cosas extraordinarias con gente ordinaria.

Sé que cuando usted lea esto empezará a recordar y a pensar en tantas personas que ha conocido y que han rendido sus vidas y sus voluntades a Dios experimentando cambios espectaculares a nivel espiritual, emocional, físico y sobresaliendo en sus trabajos utilizando sus talentos dirigidos por Dios. ¡Qué grandioso!

Hace poco escribí el libro *Mujer, levántate y resplandece,* en él abordo el tema del maltrato que sufre la mujer en diferentes formas. Cuando describía las situaciones difíciles por las que muchas mujeres –desde el vientre materno hasta que son ancianas– tienen que vivir, lloraba pues me dolía pensar en su dolor y también en cómo nuestro Dios –que nos ideó resplandecientes y triunfadoras– muchas veces tiene que vernos maltrechas porque el hombre decidió que sabía más que Dios y que, por lo tanto, la mujer era inferior.

Siento que uno de los llamados que Dios tiene para mi vida es que lleve el mensaje de esperanza a la mujer de hoy, agobiada por las cargas y el látigo de la liberación femenina. Eso no es lo que Él quiere para nosotras, todo lo contrario, nos quiere triunfando. No me malentiendan, no es que tengamos que pelearnos con las cazuelas y la escoba, no; sino que sin dejar nuestro primer ministerio –que es nuestro hogar– nos podamos desarrollar y vivir plenamente.

Hay una herencia cultural que nos hace pensar que si no estamos paradas de pestañas, sobrecargadas de deberes y a punto del lagrimón, no estamos haciendo lo que nos toca. ¡No y mil veces no! Fuera con esos sentimientos de culpa que se están llevando a tantas mujeres al hospital y hasta al cementerio. Por el bien de nuestras vidas y las de nuestras familias, debemos hacer un alto, pensar, respirar profundo, hacer cambios y ajustes y –acto seguido– buscar del Señor para que con su gran sabiduría nos indique qué es lo que tiene para nosotros y cómo trabajar con PAZ para lograrlo.

A veces el camino no es tan pacífico, pero hasta en el lago más tranquilo hay una olita; en la carretera más moderna y sin curvas hay un bache. La vida a veces es un lago, a veces un volcán, otras un río y siempre se presentan dificultades mientras trabajamos en los propósitos divinos.

¡Ni que hablar! Es en ese tiempo a solas con Dios cuando se escriben las historias de liberación y triunfo.

Amárrese los cinturones, busque a Dios diligentemente, tenga lápiz y papel y sobretodo un corazón dispuesto a creerle y a actuar, y –como dicen en mi amado Nicaragua– le aseguro que otro gallo le cantará.

En otras palabras, su vida no será la misma; pues de una existencia derrotada –sin pelear la batalla– se levantará una triunfadora.

Dése la oportunidad y désela a Dios para reescribir su historia.

si no lo había pensado, es momento de
que lo haga y se apropie de esta verdad:
Dios no nos hizo añadidura, nos hizo
compañeras idóneas, seres capaces de
usar los talentos que nos dio para bienestar
nuestro y de los demás. Siéntase segura
de su posición de hija amadísima de Dios
y sueñe, trabaje y persevere hasta verse
tal como Dios la ve: como una verdadera
triunfadora.

8

Don Nehemías

Son apenas las cinco y algo de la mañana del mes de noviembre, ya les puse de comer a los pájaros y a mi perrita Oreo, pero la idea de compartir con ustedes sobre Don Nehemías no puede esperar. Así somos los escritores con nuestras ideas, tenemos que expresarlas; pues sino es como tener un granito a punto de estallar.

Pues bien, quiero comentarles que el Antiguo Testamento me apasiona. La valentía de tanta gente luchando por guardar el pacto y creer en las promesas de Dios es algo impresionante para mí. Esas vidas fueron la base, el preámbulo para el gran acontecimiento de la venida de Jesús, cuando nos entregó su vida para ser redimidos por su sangre.

Creo que con eso de la tradición de la «semana mayor» en cierta época del año en nuestros países le hemos restado el valor de su sacrificio en la cruz, las procesiones y la música fúnebre es algo esperado y rutinario pero, ¡ALTO! No ha habido ni habrá un amor más grande que el de Él. Cada día debemos agradecer con todo nuestro corazón esa entrega total por redimirnos y darnos la salvación. Cuando pienso en eso me estremezco hasta sentir mi corazón latiendo de agradecimiento, pues gracias a Él estoy aquí.

Bueno, retomando el asunto de Don Nehemías, les cuento que antes de que el Señor me lo presentara, me sentía la presidenta del «Club de admiradores de Josué», pero Dios tenía a alguien más para que yo conociera, admirara e IMITARA.

Estudiando a Nehemías me identifico mucho con él pues tiene dos grandes cualidades que son como su sello: la compasión y la obediencia, que lo llevan a entregar su voluntad y –sin ningún miedo– a hacer la voluntad de Dios; y es así como vivo yo.

Claro que aquella empresa de ese hombre valiente y dispuesto a OBEDECER al llamado divino era de gran envergadura, ya que si la analizamos bien constituía un reto tremendo que –aplicado a nuestros tiempos– a más de uno le hubieran castañeado los dientes, temblado las piernas y quizás se hubiesen echado para atrás.

Cuando leo que iba a reconstruir los muros observo que era algo muy importante para él, pero era una tarea que implicaba un esfuerzo extraordinario y esa ciudad amada –Jerusalén– estaba muy lejos de donde él vivía. Solo esa intimidad que tenía con Dios cada día lo sostuvo para conseguir su objetivo.

Las metas que Dios ha puesto para mi vida no son nada comparadas a las que le dio a Don Nehemías, pues hay casos en que me ha llamado no para levantar murallas sino para pulverizarlas en el nombre de Jesús. Sin embargo, como me ama más que nadie en el universo, sabe hasta dónde puedo dar, y voy a ojos cerrados hasta donde Él quiera que vaya.

Otra de las cosas que me vuelven presidenta del «Club de admiradoras de Nehemías» es que desde un puesto secular y porque entendía el llamado, fue y obedeció a Dios en TODO. Muchas veces las personas no hacen nada en sus congregaciones porque no hay una oportunidad. Permítame decirle que yo asistía a una iglesia muy grande en mi ciudad y los puestos estaban tan cerrados que no hallaba en qué servir. Hasta pensé en ponerme a estacionar los carros y una mañana de esas, en que uno está con el corazón abierto a su Señor, Él me hizo saber que no me necesitaba estacionando carros, que con los niveles de atención que yo tenía iba a transformar el parqueo en un desorden; pero que me quería desde mi

puesto secular sirviéndole con compasión y obediencia,
como hizo Nehemías.

Este es el Dios al que yo sirvo y serviré hasta que me
haga una viejita y me llame a su presencia. Estamos
llamados a hacer su voluntad en TODOS los frentes.

Desde que entendí su llamado y seguí escudriñando
la tarea de Don Nehemías, me encontré con su libro
(Nehemías 1.11); y fue lo que me abrió mis ojos
espirituales y naturales para comprender por qué todo lo
que emprendo me sale bien.

Aquí está la Escritura completa: «Te ruego, oh Jehová,
esté ahora atento tu oído a la oración de tu siervo, y a
la oración de tus siervos, quienes desean reverenciar tu
nombre; concede ahora buen éxito a tu siervo, y dale
gracia delante de aquel varón» (Nehemías 1.11). Solo me
basta su gracia.

Cada vez que concluyo mis segmentos de radio los
cierro con esta escritura y sigo en pie creyéndole a Dios,
a pesar de que a veces por la incomprensión me dan
ganas de colgar los guantes. Pero jamás lo haré. Cuando
le pedí al Señor con todo mi corazón: «Envíame a mí y
no a otro» estaba hablando en serio y Dios también lo
tomó en serio. Por lo tanto, a estas alturas del partido, no
me voy a arrugar; así haya quien planche.

El Señor está buscando corazones, vidas, manos, pies
y voluntades comprometidas con su obra, y aunque
en algunos momentos nuestro martillo parezca de
mantequilla y el cincel de mayonesa, ahí vamos adelante,
CONFIANDO en quien ha puesto su mirada en nosotros
para cumplir con el llamado.

Me he dado a la tarea de decirles a las personas que se
tomen un momento para leer a Nehemías, reflexionar en
su llamado y decidan imitarlo.

9

¿Qué vino toma usted?

Queridos lectores, poco a poco me van conociendo y captando lo que hay en mi corazón, que no es más que un amor tremendo por Jesús y por sus hijos; especialmente para que puedan vivir en abundancia. En realidad, eso es lo que Él desea para nosotros.

Al mismo tiempo podrán haberse dado cuenta de que si bien es cierto que no minimizo los asuntos importantes de la vida –más bien los enfoco con un sentido del humor especial que Dios me ha regalado y que me ha hecho ver la vida con alegría, entusiasmo y un gozo indescriptible–, por lo tanto cuando escribo, ese gozo no puede ser amordazado y salpica todo lo que plasmo con mi gracia para que usted sea retada con una sonrisa.

Bueno, también se habrá dado cuenta de que me gusta compartir historias propias y de los demás. Mis amigas dicen que es un peligro ser amiga mía ya que pueden aparecer en un libro. Menos mal que es en un libro y no en otro lugar.

Esta no es la excepción a la regla, es la historia de una familia muy mal llevada en la que las relaciones entre suegra y nuera no solo son gélidas sino que a veces entran en calor.

Esta joven, por «sugerencias» de su esposo, invitaba para todo a su suegra a la casa. Esta, a la vez, no escatimaba esfuerzos para expresar sus opiniones «gratis» acerca de todo lo que veía en la casa de su hijo, pues sí, esa era la casa de su hijo...

La situación cada día se hacía más intolerable, hasta que un día la nuera tuvo la «genial» idea de ponerle al ponche una descarga mayor de licor para que su suegra se pusiera en «onda y alegre», de forma que dejara a un lado sus comentarios. Efectivamente, el plan dio resultado y no solo ella se puso «contenta», sino el resto de los invitados.

Debido a ese resultado la joven nuera hizo de ello una tradición...

Un día, una vecina recién llegada al vecindario la invitó a una reunión, a la cual llegó un poco tarde. Su sorpresa fue que todos, sin excepción, estaban muy alegres, cantando y conversando animadamente. Sin poder aguantarse, le preguntó qué tipo de vino tomaban ellos que estaban tan alegres.

Su vecina se sorprendió por la pregunta y la joven sin más ni más le contó su experiencia para mantener sus fiestas «animadas».

Como era natural, la dueña de casa se sonrió y le dijo que en realidad ellos no tomaban de ese vino que servían en su casa, sino de una fuente de vida tan pura y tan rica que los hacía vivir cantando y llenos de esperanza.

La llevó a un lugar aparte y le presentó el plan de salvación como un regalo hermoso y que le daría a ella ese gozo que ellos experimentaban todos los días sin necesidad de ingerir bebidas alcohólicas.

Así que no necesitamos estimulantes externos para gozarnos y estar alegres, nuestra fuente está en nuestro corazón lleno de gozo. Y nuestros cántaros están siempre rebosantes del agua de vida. La fuente de nuestra alegría se llama Cristo Jesús.

¿Cuántas veces tomó vino y sintió como que las compuertas de su corazón se abrían y la pasaba fenomenal para luego sentirse flojo y hasta mal? Eso sucede porque solamente Dios nos puede llenar de alegría y gozo permanentes. Y el gozo del Señor no nos deja «resaca», lo que en otras partes entienden como «guayabo o ratón».

Así que no es asunto de emborracharse como una uva para sentirse eufórico, es asunto de llenarnos del gozo del Señor y de disfrutar de la vida que Él nos ha dado.

10

No levante paredes

Cuando estamos cargadas con nuestras cosas y situaciones al punto que pareciera que no tienen solución, algunas personas tienen la tendencia a «aislarse», levantando paredes alrededor de sí.

Eso lo he visto con más frecuencia entre personas que sufren maltrato o aquellas que de alguna manera están expuestas a la opinión pública.

Debe ser una situación muy dura mantener la foto perfecta mientras uno se desgarra por dentro, pero como dice un dicho popular: «No hay mal que dure cien años ni cuerpo que lo resista» y en algún momento esas paredes que levantamos se desmoronan y la sensación de fracaso que nos embarga nos hace pisar tierra.

Creo que no es nada prudente ventilar nuestras penas y conflictos a los cuatro vientos y difundirlos por todos lados, pero es prudente buscar personas sabias que nos puedan ayudar a encontrar solución con consejos prácticos y, sobre todo, basados en la Palabra de Dios; la cual tiene respuesta para toda circunstancia que podamos enfrentar.

Encerrarnos a rumiar nuestras penas y dar lugar a entretener los pensamientos derrotistas solo nos llevará a caer en estado de depresión; lo triste es que hay cárceles mentales que son más duras y crueles que las paredes físicas que rodean a los presos que purgan sus sentencias.

No estoy minimizando la situación sino tratando de entenderla. Puedo decirles que conozco a personas que levantan paredes invisibles alrededor de sí mismas y que podemos sentir cuando tratamos de acercarnos a ellas para expresarles nuestro apoyo, afecto y hasta admiración.

Trazan una línea invisible y adoptan cierta actitud de perfección, pero –los que conocemos un poco las emociones del ser humano– podemos ver letreros de dolor y angustia agazapados tras las imágenes perfectas, las ya trilladas «fotos perfectas».

Siempre parecen controlarlo todo, pero si los ve con el rabito del ojo y les pone oídos a su corazón podrá leer y escuchar el dolor que hay en ellas, «seguramente» lo guardan entre las paredes que levantan a su alrededor.

Cuando empecé a frecuentar las iglesias evangélicas no concebía que los cristianos se abrazaran con tanta facilidad, pues crecí con padres que me amaban pero eran muy fríos. Solo cuando ese amor de Dios fue derritiendo mis paredes de hielo –poco a poco– me sentí libre y capaz de extender mis brazos también.

Para que nos respeten no es necesario levantar paredes ni líneas divisorias, con sabiduría podemos vivir a plenitud. Hay muchas maneras de establecer esa línea invisible de respeto y no permitir que invadan nuestro territorio, pero la manera no es precisamente levantando paredes que nos confinen a vivir aislados aun estando entre toda la gente. Ser amables y respetuosos es suficiente para que los demás sean así con nosotros.

Ojo, no levante paredes y si ya lo hizo busque un mazo y derríbelas. La vida es agradable cuando la compartimos con los demás.

Querida amiga, grábese esto en su corazón: Para que nos respeten, no es necesario levantar paredes ni escondernos detrás de ellas. Nuestro testimonio sienta las bases para que todo aquel que nos conozca se sienta inclinado a respetarnos y honrarnos. La amabilidad es una cualidad importante, es como una llave para abrir el corazón de los demás.

Por favor, reflexione en estas palabras y salga de ese confinamiento. Atrévase a disfrutar la vida.

11

Una cama de cuatro patas

Bueno todavía no he visto una de tres. Si usted, mi querida hermana, tiene la dicha de ser madre de cuatro hijos entonces estamos en la misma frecuencia y podrá entenderme. Qué linda es la solidaridad.

Pues bien, una madre con cuatro hijos es como una cama de cuatro patas. A mi esposo y a mí nos encanta salir a acampar a donde casi nadie se le ocurriría pasar sus vacaciones de fin de año: expuestos al frío y la lluvia. Ahí van los Morales cada año, manejando hasta ocho horas para llegar a un lugar en medio de la nada y disfrutar del oxígeno, la naturaleza, los animales salvajes y –por supuesto– del frío y por lo menos un chaparrón con sus rayos y centellas. Nos encanta más cuando todo eso nos hace estremecer dentro de nuestra frágil tienda de campaña.

En eso de acampar siempre hay que armar cosas. Lo primero es la tienda de campaña. Cuando uno ya la tiene casi lista, una de las patas se cae y se arma el rollo. Pero si uno no lo intenta de nuevo corre el riesgo de dormir al aire libre y, créamelo que a temperaturas de cero grados centígrados, no es nada divertido. Otro intento y al fin la tienda está en pie. Casi todo lo que uno lleva al campamento debe ser armado y eso me recuerda la tarea de «armar» una familia. A veces sentimos que ya todo está en orden y, de repente, zas. Sorpresa. Hay que lidiar con uno de los hijos y tratar de «armarlo» de nuevo, lo que no es otra cosa que ponerlo en el camino.

Con mis cuatro hijos –dos varones y dos niñas– he pasado muchas experiencias, tanto buenas como desagradables, al punto de «gestionar» mi retiro como mamá, pero ni modo, en esta profesión de madre no hay retiro que valga. Más bien el premio es a largo plazo.

Todo su esfuerzo dará frutos, pero mientras tanto hay que seguir armando la cama de cuatro patas.

Hay momentos en que todo parece ir sobre ruedas y tres de las cuatro patas de la cama ya están firmes, pero cuando ponemos la cuarta entonces la segunda empieza a tambalearse y por ahí sigue el problema. Le digo todo esto con sobradas razones.

Hubo un momento en mi vida en que mis cuatro muchachos estaban en casa bajo la sombra de mi esposo y la mía. Uno en la escuela superior, otro en la secundaria, otra en la primaria y la menor en preescolar y aunque llevarlos a diferentes escuelas me tomaba dos horas por la mañana y dos por la tarde, todo iba bien hasta que... el mayor empezó a decir que necesitaba un carro. Ya la primera pata de la cama estaba tambaleándose y en vez de patas de repuesto quería ruedas.

Las mamás que han vivido esa etapa de «carritis» aguda saben que es un tiempo que requiere entereza para superar la situación, pues ellos se convierten en goteras y el único tema es el carro.

Bueno, ya mi cama tenía tres patas y una rueda cuando el segundo –al poco tiempo y después de decidirlo bien– se enroló en el ejército en plena Guerra de Irak y para remate como artillero. Mi cama tenía entonces una rueda, dos patas y un cañón de tanque, ¿cómo lo ve? Con ese tipo de cama un poco fuera de lo común y caminando bajo absoluta fe continué mi camino hasta que una de las patas de nuevo pidió que era mejor ir a una universidad a unas ocho horas de casa, pues así podría estudiar nutrición en una institución especializada. Así es que entonces mi cama con una rueda, un cañón de tanque y ahora un libro y una pata, seguía andando. Y todo eso era lo mejor del caso.

Como ya comenté, a veces las patas de la cama han estado en la rebeldía, la falta de respeto, las fiestas, situaciones peligrosas y un sinnúmero de cosas. Sin embargo, gracias a Dios, la mía se ha mantenido en pie debido al amor, la gracia y la sabiduría divina. De otra forma hubiese terminado con una cama inflable, sin patas y desinflada en el suelo.

Las madres somos esa fuente que –aun en medio de la tormenta– ve el rayo de luz y la alborada que se acercan. Eso es lo que nos distingue de los hombres, sin ánimo de soberbia. ¿Qué sería de ellos sin nosotras? Somos verdaderamente la compañera idónea, pues muchas veces cuando ellos se rinden y hasta se desaparecen de la escena, nosotras seguimos clamando y esperando la promesa.

Gracias Señor, por crearnos así, capaces de mantenernos en pie y armando camas de cuatro patas, cuando todos han perdido la fe.

¿Es que hay camas de tres patas? No precisamente, pero a veces nos toca lidiar sosteniendo cada una de las patas de la cama. Suena un poco divertido pero si usted fuera como yo que soy mamá con cuatro hijos turnándose para que yo los apoye y aconseje, se dará cuenta de que no resulta muy divertido. Pero ¿quién dijo que ser madre significa veinticuatro horas de diversión ininterrumpida? Pero, mi amiga querida, nos tocó y no hay otra, por lo tanto le animo a que no se desanime.

Cierre sus ojos un momentito y oremos juntas:

Señor, te pido en el nombre de Jesús
que me llenes de tu gracia y me des
todas las herramientas para ser una mujer
y madre sabia, y al mismo tiempo te
quiero dar gracias por crearnos con una
capacidad especial para mantenernos en
pie «sosteniendo» las patas de las camas,
las mesas, las sillas, cuando todos se dan
por vencidos.

12

En este capítulo le daremos de baja a la mujer maravilla, desde hoy queda desempleada y sin opciones de empleo. ¡Qué drástica eres Hada María Morales! Pero la verdad es que ese cuento de que tenemos que estar ocupadas, atareadas y al borde del colapso para ser consideradas eficientes debe pasar a la historia, pues no hay cosa más terrible que ver a una mujer tan cansada que parezca una máquina oxidada. De que las hay, las hay.

Especialmente las latinoamericanas que, como el coloso de Rodas, nos echamos la casa encima con todo y muebles, el carro, el perro y hasta el gato. Queremos hacer mil cosas y todas a la perfección, ¿se imagina la carga emocional y física que eso significa?

El asunto es que no es necesario estar paradas de pestañas para que reconozcan nuestro trabajo dedicado. Podemos delegar las labores del hogar de acuerdo a la edad de los miembros de nuestra familia, ¿cómo es posible que un sábado cualquiera todos se sienten a ver la televisión mientras la mujer de la casa está lavando toneladas de ropa sucia, especialmente la de los «televidentes» y hasta rastrillando las hojas del patio? Eso es inconcebible.

Sin embargo, ¿sabe que los ya mencionados televidentes no tienen la culpa de eso? Ellos fueron educados bajo la creencia de que la mamá es para resolver todo y por ello cada día tiene menos energías y un humor que hay que salir corriendo.

No es tan fácil adoptar una posición de «directora de orquesta» después de años de estar dirigiéndola y tocando en ella; pero no queda otra, pues si no lo que nos espera es una cama en el hospital o un cuarto en un lugar para enfermos mentales ya que un estrés bien puesto es capaz de destruirnos.

No tome a la ligera esto que le estoy diciendo y a partir de hoy haga un alto en su vida y entre las actividades rigurosas de cada día incluya veinte minutos para usted, sí, para usted, así sea para sentarse a hacer nada, para pintarse las uñas, rascarse la cabeza, cerrar los ojos, soñar u otra cosa. Ese es su tiempo y no se admiten interrupciones, el departamento de quejas y pedidos urgentes está clausurado por veinte minutos. Nadie se va a morir si usted, después de una jornada laboral y un tráfico de locos, no aterriza directamente en la cocina y les pide el menú de lo que desean comer.

Organizar y delegar las actividades del hogar son la llave para que pueda tener tiempo para sí misma; si no ¿cómo cree que millones de mujeres como yo, además de los quehaceres del hogar, somos parte de la fuerza laboral y hasta logramos nuestros sueños a la vez que nuestras casas están limpias y en punto? Porque nos dimos cuenta a tiempo de que necesitábamos tiempo para nosotras mismas.

No somos máquinas de lavar platos, ni chef para cocinar platillos deliciosos y postres maravillosos a la carta, ni bancos para proveer dinero al hogar, tampoco jardineros para plantar huertos hermosos y, además de todo eso, sin descansar ni tomar conciencia de que necesitamos a gritos un tiempo para nosotras, pues si no esa máquina lanzará tornillos por todos lados.

Pero usted no solo se merece esos veinte minutos, busque además actividades que le ayuden a sentirse bien, que alimenten su espíritu y su alma.

Hay personas que tienen cuerpos esculturales pero espíritus marchitos y almas anémicas, ya que no han encontrado el equilibrio en sus vidas.

Le invito a que revise su agenda, su forma de utilizar el tiempo, las actividades que puede delegar y le aseguro que encontrará ese espacio de tiempo que bien administrado la hará sentirse plena y con la energía suficiente para seguir adelante. ¡Piénselo!

> Sólo puedo decirle lo siguiente: Revise su agenda, su manera de usar el tiempo, las actividades de «mujer maravilla» en las cuales voluntaria e involuntariamente se ha «postulado» para ganarse la admiración de los demás. Y, como si fuera poco, su cuerpo –aguantando día a día esa clase de carga y sin descanso–, no tardará en pasarle la factura y la obligará a gozar de unas «vacaciones» forzadas. ¿Qué le parece el panorama y el precio que hay que pagar por no tomarse un merecido descanso?
>
> Sólo a manera de reflexión:
> Si nuestro Dios todopoderoso después de trabajar arduamente para regalarnos esa obra maestra de la creación descansó, ¿cómo es que usted es tan «súper» que cree que puede seguir sin parar? Piénselo ya y actúe de inmediato.

13

Sobreviva a las pérdidas

Una de las pérdidas más difíciles es la que se experimenta cuando un hijo se nos va. No he pasado por eso, pero alguien a quien quiero mucho lo vivió y todavía guarda la esperanza de que un día su hijo toque la puerta de la casa y aparezca con su alegría de siempre. Sin embargo, la realidad es completamente diferente, hace años que está en la presencia de Dios.

Quiero decirles que cuando mi hijo mayor estuvo al borde de la muerte –a causa de un accidente cuando solo tenía seis añitos–, a pesar de mi amor y la atención de los médicos, me abatía una sensación de impotencia terrible. Solo pude superarla cuando se lo entregué al Señor –con mi corazón desgarrado– después de que el doctor nos comunicara que solo tenían un recurso, que si no daba resultado entraría en una crisis profunda y podría hasta morir.

Recuerdo como si fuera hoy que fui a la capilla del hospital y me tiré de rodillas para entregárselo. Recordé el testimonio de mi propia madre cuando su hijo murió y pudo enfrentar el dolor con paz.

Así son de importantes los mensajes y testimonios que les transmitimos a nuestros hijos. Ese testimonio de mamá vino a mi mente y me motivó a entregarle a mi muchachito a Dios, que recogió mi oración e hizo que mi hijo sobreviviera la crisis. Hoy es un hombre de veintinueve años que ha empezado su propia familia.

Hay pérdidas irreparables, pero peor es perder la fe. Y es en fe que podemos ponernos de pie y reponernos de lo perdido. Muchas madres que han perdido a sus hijos han podido levantarse del dolor porque saben que Dios prometió estar con ellas y ayudarlas. Así que dedican sus vidas a realizar obras para ayudar a otras personas en situaciones similares.

Tengo una amiga que perdió a su niña a causa de un cáncer violento que le cegó la vida en corto tiempo y no hubo poder humano que la salvara. Tras la pérdida vino un tiempo de negación y rebeldía en contra de Dios, pues a veces no entendemos las cosas que Él hace. Sin embargo, después de un tiempo de llanto y con la ayuda de Dios pudo recuperarse poco a poco hasta invertir sus energías creando una organización que ayuda a muchos niños con cáncer en su país de origen y que lleva el nombre de su hija. Ella cambió su dolor por la satisfacción de servir.

El ser humano no solo experimenta la pérdida de seres queridos sino también la de relaciones como: matrimoniales, laborales, sociales, etc., pero todo se puede superar cuando Dios nos ayuda.

No puedo ni por un momento imaginar mi vida sin Dios, ya que es el único que puede darnos la fortaleza que necesitamos para superar las situaciones difíciles.

Gracias a que Él deposita su bondad en los corazones de sus hijos es que existen organizaciones que ayudan a las personas que pasan por situaciones dolorosas como las que he descrito.

No hay justificación para que una persona se hunda en su dolor y sucumba ante la pena cayendo en la más profunda desesperanza y dando lugar a estados de depresión peligrosos. Dios está más que dispuesto a ayudarnos.

Es muy probable que usted piense que es más fácil escribirlo que vivirlo y tal vez tenga razón, ya que nunca he pasado por una situación similar, pero Dios me ha dado un corazón sensible que es capaz de solidarizarse con el dolor ajeno.

Hoy en día vivo con una carga de oración por las familias de los soldados ya que con un hijo en esas filas puedo entender su dolor. De igual manera, aunque tengo empleo, siento como si fuera mía la preocupación que sienten las personas que han perdido el suyo. Eso me ayuda a poner un verdadero interés en mi trabajo.

Quiero pedirle que busque el consuelo y la paz que su corazón necesita en el Señor, Él y nadie más que Él –su ayudador–, le proveerá todo lo que necesite para superar esa etapa de su vida aunque también usted debe poner su parte: un acto de fe.

Este capítulo es uno de esos que después de leerlos sólo queda buscar a Dios clamando por consuelo y paz, confiándole todo nuestro corazón y esperando plenamente en Él.

Pero mis palabras para usted nunca serán suficientes, ya que son palabras de una mujer que ha pasado por muchas situaciones y que ha comprendido que de lo único que viene nuestro gozo –aun suframos las peores circunstancias– es de Dios y su palabra.

Y sin más le pido que medite en estos versículos de la preciosa Palabra de Dios:

Apocalipsis 21.4

Salmo 77.2

Salmo 119.50.

14

Sobreviva al divorcio

Este capítulo lo escribo desde mi banquito de espectadora, pues con todas las tormentas que se experimentan en treinta años de matrimonio más de una vez quise «colgar los guantes», pero Dios me sostuvo. Creo con todo mi corazón que en sus planes no está que yo tire por la borda todos esos años compartidos con el esposo que con gran sabiduría dispuso para mí, es más, creo que Él desea que llegue a viejita con él. Cuando recuerdo el pasado y me detengo a pensar en situaciones amargas, tristes y hasta salpicadas de ira y rencor, mi corazón solo responde con agradecimiento a Dios por haberme ayudado a superar todo eso y retomar el camino. Cuando hay problemas en los matrimonios es asunto de dos y deben resolverse entre dos, la única manera de que entre un tercero al juego es que invitemos al Señor a que nos ayude; y puede haber hasta un cuarto –que puede ser un consejero con conocimiento de la Palabra de Dios–, pues el matrimonio fue pensado por Él, que es quien provee la sabiduría para superar las situaciones desagradables que se presentan. Y una regla de oro: *No desparrame*.

Por supuesto que no estoy refiriéndome a perder la dignidad y sucumbir ante situaciones de abuso verbal, físico o sexual, el precio de mantener un matrimonio no se paga con sangre y vejaciones, Dios ya pagó ese sacrificio en la cruz. Cuando hay situaciones en que la vida está en peligro no hay otra alternativa que buscar ayuda legal y salvaguardarse.

Pero hay situaciones en las que esas desavenencias se pueden superar. Por lo general, la protagonista en esos casos es la comunicación, pero hay que deponer las armas pues si no será una pelea constante y les aseguro que la sangre llegará al río.

Ustedes no saben cuántas veces, al venir a los pies del Señor, he tenido que reconocer que mi comportamiento no fue precisamente el más adecuado y que por empecinarme en que tenía la razón una discusión de minutos se torna en un problema de horas. Lo mismo ha sucedido con mi esposo, que muchas veces se cree el bárbaro de la película, pero los dos sabemos que *deseamos* seguir casados y ahí la cosa cambia radicalmente, se llevan las armas al fuego y se retoma el camino. ¿Fácil? Por supuesto que no, solo es asunto de *voluntad* compartida.

Para escribir este capítulo consideré la experiencia de varias personas a las cuales les pregunté si en realidad se querían divorciar y ¿adivinen? Ninguna hubiera querido hacerlo, pues reconocen que llevan en sus corazones una rara sensación de fracaso y que es obvio que Dios es sabio cuando dispuso que los individuos que forman una pareja fueran los que estarían al frente del hogar.

Esas personas me relatan que despertar al día siguiente con las riendas del hogar en sus manos ha sido un reto tremendo y han llorado mucho pues muchas de ellas no tenían al Señor en su corazón. Por eso tiemblan de miedo, caen en depresiones y enfrentan la derrota al ver cómo sus hijos están igual que ellas, confundidos, desequilibrados, etc.

No son pocas las que han dado tumbos y cuando quieren tomar las riendas y encaminar a sus hijos se dan cuenta de que han perdido un tiempo valioso. Sin embargo, quiero decirles algo que esas mismas personas me han dicho y es que de una manera u otra alguien les ha hablado del Señor. Al conocerlo es cuando se ponen de pie y se disponen a pelear por sus hijos, ya que muchos padres se divorcian también de estos convirtiéndose la mujer o el hombre en el único pilar de sus hogares.

Pero, alerta. Hoy en día hay papás criando solos a sus hijos, no hay duda de que el enemigo del hombre anda diligente haciendo su trabajo bajo esta premisa: «Si afecto al núcleo familiar, lo demás se me hará superfácil», y qué acertado ha sido el muy ladino.

Quiero contarles la historia de una amiga que superó su divorcio deteniéndose a pensar en lo que tenía de patrimonio en sus manos: tres hijos, una casa que mantener, una profesión que sus padres le dieron y que la había puesto a descansar dedicada a la familia hasta que al «doncito» le dio porque no había vivido la vida y se iba a recorrer el mundo.

Le llegó el tiempo a mi amiga de desempolvar los títulos universitarios, un corazón con esa rara sensación de fracaso y la absoluta conciencia de que no había tiempo para llorar.

Se tomó unos días para organizarse, clamó a Dios por ayuda y manos a la obra. Era el momento de buscar un trabajo y así fue como nos conocimos, y con verdadero conocimiento de los hechos puedo decirles que encontró la manera de superar su divorcio.

La he visto muchas veces triste, otras airada ante la indiferencia del padre de sus hijos y por los sinsabores de los pleitos en los tribunales, pero está confiando y dedicada a sus hijos y consciente de que es tiempo de ser solamente madre, no hay tiempo para relaciones nuevas, pues quienes la necesitan son ellos para afianzarse en la vida. No necesita distracciones.

Ella no descarta que algún día Dios le dé un compañero, pero no será hasta que cumpla con su labor de madre. Y créanmelo que la he visto durante estos últimos años lidiando con esos muchachos, de los cuales el mayor es un adulto, la segunda está en la universidad y la pequeña pronto irá a la escuela superior.

Solo después de alcanzar las metas relacionadas con sus hijos bajo ciertos límites de tiempo que deben cumplirse, es que contempla rehacer su vida sentimental.

Lejos de ser perfecta, lo que la ha mantenido «cuerda» ha sido su dependencia de Dios; y puedo decirles que he visto la protección divina en su salud, su capacidad profesional y su mayordomía en las finanzas y todo gracias a que Dios es quien ha dirigido su vida.

Cuando me dicen que alguien se divorció, siento un dolor profundo en mi corazón pues no es solo el hecho de una familia que se desintegra sino que es un asunto que afecta a la sociedad.

Por ello es que debemos luchar por la estabilidad del matrimonio, a menos que nuestras vidas estén corriendo peligro con situaciones de cualquier tipo de abuso. Debo decirles que una de las cosas que ha sostenido a mi hijo —que está sirviendo en el ejército muy lejos de casa— ha sido la unión entre nosotros y el apoyo que le hemos dado siempre. Él me lo ha manifestado, y les estoy hablando de un adulto, ¿qué esperaríamos de un niño? Si ya está en esa situación sin remedio, le pido que dependa enteramente de Dios y jamás, jamás, se divorcie de sus hijos; así haya tenido que pasar por un divorcio traumático. Sea maduro, ellos no tienen la culpa de sus decisiones, ellos los necesitan como papá y como mamá aunque estén divorciados y se les pinche el hígado cada vez que recuerden las trifulcas que vivieron. Día a día en mi trabajo, veo tanto a hombres como mujeres dolidos por el divorcio, pero muchos de ellos sin amargura. La diferencia es que lo están superando confiando plenamente en Dios.

Creo con todo mi corazón que con Él se pueden superar todas las situaciones a las cuales la vida nos enfrenta. Así que confíe y clame por su ayuda y dirección.

15

Sobreviva a la menopausia

Quiero empezar diciéndole que me he dado a la tarea de gritar, sí, gritar la palabra menopausia en grupos de damas y veo que las personas palidecen, no por el tono de mi voz sino por la palabra en sí. Luego que se reponen del susto surge una reacción contagiosa en contra de la pobre palabra, que si literalmente la pudieran llevar a la silla eléctrica lo harían.

Ah, querida amiga, esto es parte del milagro maravilloso de la vida y de la elección sabia –y no menos espectacular– de Dios por habernos hecho mujeres.

¿O es que solo le gusta el romanticismo de la época del enamoramiento? ¿De un novio maravilloso? ¿De un esposo como pocos? ¿De unos hijos de revista? Pero también de una menopausia que está contemplada en nuestra vida casi como parte del árbol genealógico. ¿Qué le parece?

Hace unos cinco años fui sometida a una operación de histerectomía. No quiero asustarla con el estado postoperatorio. Fue terrible, por casi seis semanas caminé como una «araña fumigada» y, como si fuera poco, unos días después asistí al cumpleaños de mi primera amiga que arribaba al medio siglo. Y han de creer que en cuanto entré a la reunión alguien me recibió con esta expresión de bienvenida: «Ajá, Hada María, me dijeron que te operaron de todo, que te "bajaron la máquina". Ay mijita, prepárate que ahora la menopausia te va a caer de lleno y vas a ponerte vieja, gorda y fea».

¿Qué le parece?

En ese momento tuve ganas de mandarla –a ella con su comentario– a cadena perpetua y a la famosa menopausia al paredón. Su imprudencia casi me arruina la fiesta. Pero con el gozo del Señor pude mantenerme en pie y buscarle el lado divertido al asunto.

Se me ocurrió que, en realidad, con unas pastillas
«antimenopausia» y un buen abanico podemos sobrevivir
el asunto, pero cada día me entero de que la cosa
es peor y además de esos dos elementos hay que
mantener un juego de sábanas extra, pijamas a la mano
y varios galones de agua. Ah, y también vitaminas, más
un buen corrector de ojeras; pues dicen que entre
esos calorones no se duerme bien. ¡Qué panorama tan
tenebroso!

No quiero entrar a la parte científica pues para eso está
su ginecólogo, psicólogo, sociólogo, antropólogo y
todos los sabelotodo que no faltan, bueno agréguele el
meteorólogo, pues dicen que con los cambios de clima
se pone peor.

Prefiero ver el asunto desde otra perspectiva:

Primero, no hay remedio, debemos vivirla; pero
vivámosla con dignidad. Por favor, no permitamos que
«Doña Meno» sea la reina de las reuniones femeninas ni
que se apodere de la atención provocando historias de
horror.

Segundo, a nosotras nos ha ido mejor que a nuestras
madres y abuelas. La menopausia es una etapa natural
para la cual hay vasta información y muchos medios que
ayudan a sobrellevarla.

Tercero, además del abanico y las pastillas, trate el
asunto desde el punto de vista emocional. Sé de
mujeres que por no tomar las medidas necesarias
están enloqueciendo a sus esposos y haciendo que los
hijos les huyan. Al pobre esposo, por aquello de «en
las buenas y en las malas», le toca inmolarse... pero no
abuse que una mujer con mal genio por asuntos de la
edad es como una araña peluda.

Cuarto, no se deje influir por los comentarios negativos, no todas tenemos el mismo organismo. Yo, por ejemplo, rompí con lo que me dijeron: que me iba a poner vieja, gorda y fea. ¿Vieja?, pues lo normal; ¿gorda?, lo normal. Tengo cinco años más y mi metabolismo anda medio jubilado, al suave, como decimos en Nicaragua. Fea, fíjese que no tanto. Pues desde que conozco al Señor llevo una gran alegría en mi corazón y, como dice la Palabra, el corazón alegre embellece el rostro. Todavía no he tenido que operarme nada.

Por favor, «Que no cunda el pánico». Es una etapa que debemos vivir, es como cuando usted está embarazada. El trance del parto lo tiene que pasar usted solita. Así esté rodeada de personas que la aman, pues esa criatura no puede quedarse ahí en su pancita por siempre.

La menopausia es algo parecido, la tenemos que vivir; si no estaríamos muertas y nadie se quiere morir.

Infórmese y si está pasando una de esas etapas menopáusicas «inolvidables», busque ayuda y evite formar un «club de menopáusicas»; eso no la va ayudar en nada. Al contrario, la hará sentirse peor, pues no sé por qué pero cuando las mujeres se reúnen y una empieza contando una historia, la de la otra es peor, la que sigue es más dramática y no se asuste si al final hay que llamar una ambulancia o todas terminan llorando. Así somos nosotras de emotivas y con menopausia. Usted tiene la respuesta.

Este tema solamente le concierne a un pequeño sector de la población femenina, ¿dije pequeño sector? Pero suficiente como para alterar las noches de sueño, la paz de los esposos, la paciencia de los compañeros de oficina, entre el sube y baja del termostato del aire acondicionado y, como si fuera poco, batallar con aquel viacrucis de cargar un abanico y una botella de agua dondequiera.

Pero, que no cunda el pánico, esta –como otras etapas de la vida– tiene que superarse, pues no hay mal que dure cien años ni cuerpo que lo resista y la menopausia no es la excepción. Así es que... en sus marcas, tome su abanico y trate de pasarla lo mejor posible.

16

Uno de estos días en que iba para mi trabajo leí la calcomanía del carro que iba delante de mí, pues se detuvo delante de uno de los tantos semáforos de la ciudad y decía algo así: «Trate bien a sus hijos, pues ellos son quienes escogerán su asilo de ancianos».

Al principio me pareció un tanto chistoso, pero en realidad cuando lo pensé mejor me pareció un tanto amenazante. Y vino a mi mente la porción de la Escritura que habla de que no airemos a nuestros hijos. Puesto que la manera de Dios es más sabia, pensé que como de costumbre si seguimos sus enseñanzas –por lo menos– tendremos la «gracia» de un mejor cuidado de nuestros hijos cuando en ese tiempo irremediable nos convirtamos en hijos de ellos... y sean quienes se encarguen de nuestro «cuidado».

En verdad, es sabio reflexionar en lo que Dios nos dice. Si bien es cierto que un mandamiento con promesa es amar a padre y madre, no menos importante y sabio es tratar con respeto a nuestros hijos. Así que debemos educarlos con delicadeza y con corazones que amen y valoren a sus padres.

Con dolor he visto casos de personas mayores que se quejan de lo ingratos que son sus hijos, pero en realidad muchos de ellos sembraron el desamor en sus corazones y en la primera oportunidad que tuvieron para salir del hogar lo hicieron, muchos de ellos con planes de no volver nunca más.

¿Qué estamos haciendo hoy con nuestros hijos? Hoy, sí, hoy que tenemos «el sartén por el mango». Hoy que somos su autoridad y «punto». Ojo, mucho ojo, seamos un poco más inteligentes y visualicemos nuestro futuro cuando ya no podamos vivir solos y debamos ser «guardados» en ese baúl de los recuerdos que es el asilo de ancianos...

Y no solo eso es importante, aunque a cada día le basta su propio afán, no podemos olvidar que nuestro futuro está encerrado en nuestro presente... por lo tanto, si vivimos una vida de excelencia hoy, tendremos la oportunidad de vivir una vejez en paz y morir en paz.

Mi esposo y yo les hemos dado a nuestros hijos lo que necesitan para formarse como hombres y mujeres de bien, pero después de sus carreras universitarias y de haberlos situado en la vida en posiciones ventajosas –tanto como personas como profesionales que pueden valerse por sí mismos–, estamos pensando en nosotros, en nuestra vejez y también en ellos: preparándonos en paz para esa carrera a la jubilación, al ancianato, sin ser carga para ellos.

Hoy tengo cincuenta años y mi esposo cincuenta y seis, y aún nos falta poner en el camino de la vida a dos niñas, con una preparación académica, pero al mismo tiempo estamos tejiendo sueños para jubilarnos relativamente jóvenes y gozar sin las constantes amenazas de la artritis. Viviendo de manera digna y con sencillez para disfrutar de los años dorados, que ya están asomándose en nuestras vidas. Aunque si lo vemos bien, son plateados pues las canas no son doradas.

Piense en las cosas que le gustaría hacer cuando ya su mesa no esté en verdadera «ebullición», sino en ese estado calmo de dos personas que han convivido juntos. Si usted no cultiva un sueño hoy, créamelo que el día que se jubile se sentirá como desamparado y tan asustado que se arrepentirá de haberse jubilado. Hoy es que debe comenzar a cultivar una actividad que le hará sentirse alegre.

Me entristece ver a las personas hablando de la vejez con desprecio y terror, sin detenerse a pensar que es un proceso inevitable; por lo tanto, debe ser tomado en cuenta sin miedo, pensando en cómo la podremos vivir de una manera agradable. Que nuestras salidas de casa no solo sean para visitar a los doctores y que nuestros carros no tengan el aspecto de una ambulancia y en el peor de los casos de un carro fúnebre, pues en ellos se mueve un muerto en vida.

Yo he visto viejitas a «todo dar», activas, con vidas llenas de gozo. ¿Cuál es la razón? ¿El denominador común? Llevan a Dios en sus corazones, ese es el motor que las llena de alegría y viven cada día como si fuera el primero.

¿Que si las hay? Por supuesto que sí. Dios me ha concedido la bendición de trabajar con gente de la tercera edad, así los llaman, y por determinado programa creado para ellos llegan a mi oficina como empleados de medio tiempo, les llamo «las chicas doradas» y los «chicos plateados». Las que se preparan para llegar a la vejez son como campanitas llenas de optimismo.

La carrera al ancianato es casi inevitable, no la vea con terror; más bien prepárese para el viaje.

Bueno, poco a poco vamos avanzando hacia ese lugar tan temido por los ancianos, pero ¿sabe? Mientras no perdamos de vista que debemos tejer y afianzar los lazos con nuestros seres amados, especialmente con nuestros hijos, vamos por la senda correcta.

Los ancianos que están en los asilos no están tristes y apagados solamente por el peso de los años sino más que todo por el peso de la soledad y el abandono. Claramente vemos en Proverbios 16.31 que corona de honra es la vejez y en Proverbios 20.29 la Palabra de Dios nos deja ver que la gloria de los jóvenes es su fuerza y la hermosura de los ancianos su vejez. Ser viejo no es el fin del mundo, pero agregarle años a su vida en vez DE VIDA A SUS AÑOS, si que es una actitud poco sabia.

17

Mujeres con vidas alegres

El don de la alegría es algo tan hermoso que creo que actúa como un antídoto durante los tiempos de desierto. Pero si la alegría es importante, el gozo en nuestro corazón lo es aun más.

No son pocas las veces que las personas me preguntan cómo es posible que esté siempre llena de ánimo. No tengo otra respuesta que decirles: «Yo sé en quien he confiado y sé que no me dejará ni me desamparará, así los nubarrones estén estacionados sobre mi vida y el desierto esté tan caliente que me lastime la piel y me obligue a caminar dando brinquitos».

En realidad, cuando veo que la salida del túnel apenas es tan fuerte como la llamita de un fósforo y que en vez de reír me provoca tirarme al suelo y no hacer nada, vienen a mi mente las veces, las infinitas veces, que Dios me ha sacado adelante, muchas de ellas casi a rastras para alcanzar la puerta del túnel y poder respirar aire fresco, recobrar mis fuerzas y sonreír.

Las mujeres principalmente estamos llamadas a permanecer dependiendo y confiando en Dios, muchas veces somos ese eslabón entre Dios y nuestras familias. Además de todo lo que nos toca hacer y enfrentar, debemos sumergirnos en las promesas de Dios para mantener el gozo y la cordura en nuestras vidas. No es negación, es fe.

Me gusta ese pasaje de la Biblia que dice que para todo hay tiempo y creo que ese tiempo tiene su limitación, que nada es eterno. Así sea la pena más tremenda, en algún momento vendrá la respuesta, si y solo si nos mantenemos ancladas al corazón de Dios y confiando en su Palabra, no veo otra manera de vivir la vida y tener gozo a pesar de...

Hoy estoy en casa, he faltado a mi trabajo porque tengo la espalda maltratada por un esfuerzo poco acertado e irracional, sí, leyó bien, irracional, de levantar las cincuenta libras de comida de mis pájaros pero... aprovecho el tiempo para sentarme ante la computadora a la orilla de mi ventana mientras el teclado de ésta se une al canto de las decenas de pájaros que revolotean en los comederos del patio. A pesar del dolor, Dios me llena de gozo con otras cosas y al mismo tiempo sé que Él sana mis dolencias.

Las mujeres con vidas alegres no son aquellas que precisamente lo tienen todo, ni lo mejor de todo, sino que han encontrado la sabiduría para hacer de todo lo mucho o poco que tengan *lo mejor.*

Una de las maneras para mantener el gozo en el corazón y rociar con alegría nuestras vidas y las de los demás, es pensando siempre lo maravilloso que es que un Dios Todopoderoso se interese en nosotros. El ser humano hace un alboroto si se retrata con el presidente, si el jugador famoso le da un autógrafo, si su pastor lo llama colaborador, pero todas esas cosas tienen su tiempo y es efímero. Sin embargo, el amor y la atención de Dios en cuanto a nosotros son eternos y constantes. ¿Cómo no vivir alegres y gozosas en Él?

Le invito a que cada día, en su libreta de oraciones o en su devocional, tome como hábito anotar lo mejor de ese día y darle gracias a Dios por su amor y su cuidado. Las mujeres con vidas alegres poseen corazones agradecidos y el agradecimiento es un motor que las mueve a la compasión. Reflexionemos: Si un Dios tan grande como el nuestro ha tenido cuidado de nosotras, ¿por qué razón no podemos tener cuidado de los demás?

Las mujeres con vidas alegres impactan el medio donde se desenvuelven con gozo, paz, fe, amor y la absoluta certeza de que a cada día le basta su propio afán.

Saben que lo único que tienen en sus manos es el día de hoy y no están dispuestas a rociarlo con amargura ni a desperdiciar esa gracia de vivir un día sin estrenar lo que Dios les ha regalado.

Las mujeres con vidas alegres simplemente viven con plenitud de gozo a pesar de...

No, no, no es eso que está pensando, y si así lo fuera le puedo asegurar que las vidas de esas mujeres no tienen nada de alegre... Pero dice el salmo 105.3 que se alegren los corazones que buscan a Jehová, por lo que la invito a que juntas –ahí donde está–, nos unamos para alegramos en Jehová, que es la fuente de nuestro gozo.

Con el paso de los años, que no son pocos, he aprendido a veces con dolor que la alegría es una emoción pasajera, pero que el gozo es un fruto del espíritu que no se asusta ni huye ante el primer problema, todo lo contrario, permanece; pues el gozo del Señor mi fortaleza es.

18

Un proyecto personal gratificante

Con todo mi corazón quiero llegar a usted con este mensaje clave: «Todos podemos pensar y trabajar en un proyecto personal sin que sea necesario un conflicto con el proyecto familiar».

A veces me siento desencantada cuando veo a muchas mujeres que por un sentimiento de culpabilidad «cultural» se inmolan entre las cazuelas de la cocina y enjugan sus guisados con sus mismas lágrimas de frustración. ¿Que exagero? Créame que no.

¿Que cómo lo sé? Dios me ha dado la oportunidad de escribir temas y dar conferencias a mujeres y como si fuera poco, conducir segmentos de radio en vivo en los que recibo llamadas de la audiencia y después de oírme hablar con entusiasmo abren sus corazones. Un porcentaje enorme de ellas se sienten atadas a sus responsabilidades y muriendo por dentro porque se les ha olvidado que ese ser interior que hay en ellas y que estaba ahí antes de ser esposas, madres y parte de la fuerza laboral de sus comunidades se ahoga porque necesita oxígeno para toda la vida.

Dios no es un dios disparatado y jamás perderá la razón. Cuando pensó en nosotras nos ideó para vivir en plenitud, con proyectos personales y familiares sanos, que sumaran vida a nuestra vida; por lo tanto, esa manía de ser perfectas no estaba en sus planes pues Él sabía que en vez de ser una cualidad era una atadura ya que la perfección es una cualidad propia de Él.

Cuando oí a alguien decir que no éramos mujeres perfectas sino llamadas a la excelencia, me sentí liberada. ¿Por qué? Porque para hacer las cosas con calidad sí estamos capacitadas y para cometer errores también, así que para enmendarlos ni dudarlo.

Quiero contarles que yo era de ese tipo de personas que todo debía estar en orden, incluyendo los cabellos de los niños. Los lazos de las niñas debían resistir hasta los vientos huracanados y eso me ponía a millón, aunque entristecía a mis niños. Ya les pedí perdón por ello.

Pero entonces mi amiga, de qué sirve que lea libro tras libro, y no se decide a darle un giro a su vida. Aunque espero que haya leído mi libro *Mujer, atrévete a ser feliz*. Deseo que le haya servido de algo. Pero, entonces, ¿qué fin tiene que nosotras las autoras tratemos de impactar su vida y usted se entusiasme un ratito para luego deshacerse como un merengue al sol?

No, eso sí que no, por favor le pido que piense en usted solo como usted misma, sin el sombrero de mamá o de esposa o de... pues llevamos mil sombreros; y analice su vida un momento. ¿Está haciendo algo que la llene por dentro? ¿O más bien día a día cava el hoyo donde va a caer por tanta responsabilidad sin tomarse un tiempo para usted?

Las mujeres llevamos por dentro una cajita de música a la que hay que darle cuerda para que podamos seguir en pie.

Puedo decirle que desde que Dios me dio la oportunidad de verme a mí misma y de reflexionar hacia dónde iba mi vida interior y me atreví a cambiar, vivo con más plenitud. Aunque no he dejado de lavar platos, de llevar a Valerie a la escuela, planchar, lavar baños, darle de comer al perro. Dios «reconstruyó» mi vida de tal manera que hoy que soy escritora y parte de la fuerza laboral de mi país, ayudando a las personas con su imagen profesional y a conseguir empleo. En verdad, me siento realmente feliz.

Cuando le pida a Dios que le muestre el camino para alcanzar sus metas personales, Él lo hará y créame que seguirá siendo la madre dedicada, solo que más feliz; la esposa abnegada, solo que más plena; la empleada eficiente, solo que más realizada; y una mujer que establece metas y trabaja para lograr esos sueños que no tienen nada que ver con los otros papeles que le mencioné.

Dios le concederá la sabiduría para desarrollarse sanamente y con un equilibrio perfecto entre su familia y su proyecto personal.

A mí porque me dio la oportunidad de escribir. No todas estamos llamadas a esto, pero tal vez esté soñando cómo tomar clases de canto o de pintura, de aeróbicos, de computadoras o quizás piense participar en actividades comunitarias. No sé qué, pero lo que sé es que debemos rescatar nuestra vida interior y es nuestra responsabilidad. Y en cuanto a que debemos tener proyectos personales, ni lo dude.

No siga «condimentando» el guiso con sus lágrimas, séqueselas, busque una libreta, anote sus inquietudes, sus sueños, piense en ellos, luego clasifíquelos en el orden en que le gustaría lograrlos y póngale un fósforo a ese perfeccionismo que la enreda y entretiene en sentimientos de culpa. Y ¿sabe qué también? DELEGUE. Si usted no está dispuesta a hacerlo, entonces nunca tendrá oportunidad de lograr un proyecto personal gratificante, pues requiere inversión de tiempo.

Vamos, adelante, para atrás ni para tomar impulso.

Acuérdese que si se arruga, así se queda; pues no hay quien planche. Eso no lo dude.

Usted no sabe, ni siquiera se imagina, cómo me gusta esto de los proyectos. Sólo deseo con todo mi corazón que su cajita de música –que lleva por dentro– toque una melodía que alegre su vida y salpique de alegría a todos aquellos que están cerca. He aprendido a luchar con alegría por lo que Dios ha puesto en mi vida como un asunto entre Él y yo. ¿Es que acaso no sabía que tenemos un Dios personal? ¡Es una maravilla!

Tenga una cita con Él y cuéntele los anhelos de su corazón y dígale que le siembre una semillita de ilusión hasta que nazca como un proyecto personal gratificante, que dé frutos de alegría que la bendigan a usted y a todos aquellos que comparten un espacio en el planeta tierra.

Yo empecé de la nada y ahora estoy caminando por la senda que Dios me ha marcado y, ¿sabe qué? A veces me ha tocado regar mi semilla con lágrimas, pero y ¿qué con el saldo en general? Sencillamente espectacular.

Por favor, cuénteme cómo le va y así tendremos la oportunidad de apoyarnos. Escríbame a: Hada_morales@yahoo.com

19

¡Yo no fui!

Estamos viviendo unos días que, además de difíciles, el valor de asumir la responsabilidad de nuestros actos brilla por su ausencia, ¿qué nos está pasando?

Me espanta pensar que con ese tipo de actitud a veces la culpa o más bien la responsabilidad de los actos pueda recaer en una persona inocente y sea la que pague los platos rotos. Eso, mi hermano, está ocurriendo hoy día. Tenemos que cambiar esa actitud desde la cuna, pues nuestros niños también apuntan con su dedito a otros cuando ellos mismos han sido los que cometen la falta.

No es tan sencillo, pues no solo es el acto de negar, sino que la mentira es la protagonista principal de ese tipo de conducta.

Creo que desde que se inventaron las excusas, la mayoría de las personas han encontrado la salida «airosa» de sus actos irresponsables. si no fíjese en lo que voy a comentarles: El otro día fui a la sala de emergencias con mi hija Valerie por una fiebre muy alta. La primera vez el diagnóstico fue: un virus. A los dos días volví porque no había ninguna mejoría y lo mismo me volvieron a decir: un virus. Así que solo la llevé a pasear. Me tomé el tiempo, bueno, en las salas de emergencia de los hospitales tiempo es lo que más sobra, para preguntarles a otras mamás sobre el diagnóstico de sus niños, no hubo sorpresas: Virus.

Y me puse a pensar: Ahora sí que estamos hechos, los doctores dicen siempre lo mismo: un virus.

Pero aquí no se detiene el asunto, las personas que todos los días llegan tarde al trabajo le echan la culpa al tráfico, ya esa excusa tiene un hueco. Muchos de los que vivimos en las mismas áreas de los «perjudicados» por el tráfico, extrañamente nunca estamos tarde; y no tenemos helicópteros.

Y en cuanto a los cristianos, tampoco se escapan de ese asunto de no asumir responsabilidad por algunos de sus actos, que entristecen el corazón de Dios. «Fue el enemigo, mi hermano, ese Satanás que me persigue para hacerme caer».

Eso sí que me pone a millón, y ¿dónde está entonces el dominio propio? ¿El ser obedientes a la Palabra? ¿Es que no sabemos que no tenemos lucha contra carne? Creo que se quedó congelado en la prédica del domingo, hoy ya es lunes o jueves y ya ni me acuerdo qué dijo el pastor. Por eso, muchas veces dicen que Jesús ganó el altar y el diablo el parqueo.

Parte de la madurez espiritual es ser honestos y reconocer nuestras faltas, ponernos a cuentas con Dios y con los demás y no salir con la excusa de que fue el diablo. A veces hasta pena me da el diablo, pues todo el mundo lo culpa de las acciones en las que obviamente somos nosotros mismos los que las pensamos y ejecutamos.

Así es que la gran pregunta que sigue sobre el tapete es: ¿Quién fue?

Los doctores: los virus.
Los empleados que llegan tarde: el tráfico.
Los cristianos: el diablo.

Por favor, no cante aquella vieja canción de cuando éramos niños: «Yo no fui, fue Tete». Sólo era una manera más de evadir responsabilidades hasta con fondo musical.

Usted y yo hemos conocido personas que son expertas en excusas y en echarle el muerto a otro, y que si les dan la oportunidad de ponerle la letra y música las convierten en canciones.

Pero nosotros los que conocemos el corazón de Dios, sabemos que no podemos ser el eco de esta sociedad. Una sociedad en la que es común evadir la responsabilidad de los propios actos y en la que la persona olímpicamente le «echa el muerto a otro» y se queda como si nada.

¿Cómo que si nada? Ummm, a esas personas les tengo una noticia: Dios no puede ser burlado y todo lo que sembremos lo vamos a segar.

Así que la próxima vez que quiera cantar la tonada de «Yo no fui, fue Tete» es mejor que lo piense...

Pero de nuevo, la Santa y preciosa Palabra de Dios viene como anillo al dedo.

Vayamos juntas a Filipenses 4.8. Atesórelo en su corazón y póngalo por obra.

Ahí se lo dejo.

20

Era una vez una oruga

Una de las cosas más importantes que Dios me ha enseñado y que he convertido en regla de oro en mi vida es la perseverancia. Las personas que me conocen y me han visto en este caminar conociendo y obedeciendo a Dios, cayéndome y levantándome una y otra vez, cuando les he preguntado cómo me pueden describir, sin titubear dicen: «Como alguien que conoce lo que Dios quiere para su vida, alguien perseverante y tenaz».

A usted que me honra teniendo este libro en sus manos y dedicándole un tiempo de su jornada diaria, quiero decirle que aunque no sé su nombre hay un agradecimiento en mi corazón por elegirme como escritora y quiero decirle que obedecer a Dios y perseverar en lo que nos designa es lo más gratificante que nos puede suceder; aunque implique muchas veces caer y hasta morder el polvo. Pero sabemos en nuestro corazón que son situaciones pasajeras, muchas veces de prueba o de fortalecimiento que obrarán a nuestro favor. No en vano la Palabra de Dios dice que tendremos aflicción pero que Él ya ha vencido al mundo y su victoria es la que nos hace ponernos de pie y seguir adelante perseverando.

Sé que cuando las personas nos ven por ejemplo –a los cantantes o escritores cristianos– de pie ante un público, en ningún momento les pasa por la mente que estamos ahí porque el cincel de Dios nos ha venido puliendo y también porque nos hemos atrevido a creerle a Él y que a pesar de los pesares y hasta de la mala voluntad de algunos, estamos seguros de que Dios nos respalda y, como dice Apocalipsis 3.8: «Yo conozco tus obras; he aquí, he puesto delante de ti una puerta abierta, la cual nadie puede cerrar».

Queridos lectores, cuando a veces las fuerzas me faltan, esta porción de la Escritura me hace continuar ya que para mí no hay nada más maravilloso que Dios conozca mi corazón y que pueda sentir en el suyo mi amor ardiente por Él y mi deseo de servirle y esa puerta para lograr las metas que Él ha puesto en mi corazón NADIE la puede cerrar, por lo que retomo el camino.

No son pocas las ocasiones en que el desaliento viene de la boca de los que más queremos y están cerca de nosotros... pero es aquí, precisamente aquí cuando debemos reconocer las artimañas de aquel que nos quiere ver tristes, derrotados sin pelear, desobedientes y mordiendo el polvo. Es precisamente aquí cuando el arma poderosa de la oración sale al ataque, no solo para orar por nosotros sino por aquellos que no han podido entender que cuando Dios llama, LLAMA.

En uno de esos días de «colgar la toalla» iba camino a mi trabajo y encendí la radio. Estaba alguien hablando de la oruga y eso captó mi atención y de qué manera. Ustedes ya van conociendo mi estilo, así que salpiqué de humor este relato de la oruga.

Un día una oruga se dispuso a caminar montaña arriba pues había tenido un sueño: mirar todo el hermoso valle desde arriba. Pero los «metiches» que nunca faltan la vieron salir con su bolsita y sus zapatos deportivos. El grillo, a toda voz, le preguntó a dónde iba tan tempranito y ella le comentó lo de su sueño, y sin ponerle mucha atención siguió su camino. El grillo dijo: «Ya lo decía yo, algo raro le miraba a mi vecina oruga, seguro ya se volvió loca», y avanzando a zancadas agregó: «Mi amiguita, así de mínima como eres vas a quedar a medio camino, deja de andar cazando sueños y quédate con nosotros que tanto te queremos y somos tu familia».

Pero no hubo respuesta, solo un taconeo de las patitas agitadas de la oruga.

Ya se imaginarán a cuanto insecto «opinante» se encontró en el camino intentando desalentarla para que dejara a un lado su deseo de lograr su sueño.

Ella sabía en su corazoncito que aunque estaba agotada, si perseveraba lo lograría y dio unos pasitos más hasta que cayó desplomada con sus patitas para arriba y sus zapatos polvorientos.

Durmió por unos días y todos aquellos que la vieron pasar al verla inmóvil creyeron que estaba muerta, por lo que comentaban: «Es que es una loca, de plano que le patinaba el coco», y empezaron a hacer planes para darle un servicio fúnebre a la cabeza loca de su amiga. Pero cuál sería el susto que aquella caparazón a la que le iban a dar «cristiana» sepultura empezó a moverse y ahora los paralizados eran ellos.

Poco a poco salía una de las mariposas más espectaculares que ojo humano y animal haya visto jamás y se preparaba para subir desplegando sus alas y su gracia a concretar su sueño: ver el valle desde el pico más alto.

Así es la vida, queridos amigos, nuestro corazón es como la caparazón de esa mariposa y es ahí donde guardamos nuestros sueños.

Ella conoció su sueño y perseveró hasta lograrlo y eso no es todo, a sus detractores y «amigos» les enseñó una gran lección.

Todos aquellos que decían quererla y la dieron por loca, insensata y hasta suicida y con cuyos comentarios casi la destruyen y desaniman eran testigos de que gracias a su perseverancia logró su sueño. La antes una simple oruga remontaba vuelo frente al sol resaltando sus hermosos colores.

Hay momentos en que somos como esa oruga, pero lo que nos hace triunfadoras como ella es que conocemos los sueños de Dios con nosotras y eso basta para continuar y perseverar.

Por favor, le pido que no se deje desanimar, si es una persona que tiene una relación firme con Dios entonces sabe cuáles son los sueños de Él con usted y, por ende, no se arrugue que no hay quien planche, ORE, OBEDEZCA y PERSEVERE.

Todo esto lo digo porque lo he vivido y aún lo vivo. Cada sueño a veces hay que «parirlo» con dolor, pero es en la intimidad con Dios que tomamos fuerzas y aun a pesar de que aquellos que dicen amarnos nos hieran y desalienten con sus comentarios y consejos «no solicitados», tenemos que seguir adelante hasta levantar vuelo, como el de la mariposa.

Querida amiga, no agonice dentro de su caparazón, deje de ser oruga y conviértase en mariposa de vivos colores... y vuele tan alto como Dios lo dispuso. Ahora le toca escribir su sueño y extender sus alas para hacerlo realidad.

> Sólo le dejo esto para que lo piense: La PERSEVERANCIA es una cualidad que se convierte en herramienta indispensable para lograr todo aquello que soñamos. Perseverar es la única manera de llegar a la meta y no quedarnos en el camino ante las palabras y amenazas de los que deliberadamente nos quieren ver caer. Dios nos manda a que seamos ESFORZADAS Y VALIENTES. ¿Está dispuesta? Claro que sí, con Él todo es posible.

21

Soñar no cuesta nada

Por supuesto que no cuesta nada y en verdad soñar es saludable, pero se convierte en una plaga cuando solo nos quedamos soñando. Infinidad de proyectos que vemos hoy como realidad fueron encubados como un sueño en una mente creativa que los arropó, les dio vida y los echó a andar tomando en cuenta su:

-Visión
-Misión
-Obediencia
-Perseverancia

El sueño entra en el área de la visión, luego recibimos la misión que es el proceso a seguir para lograr la visión y de inmediato entra en acción la obediencia. Sin embargo, ahí no queda el asunto de soñar y actuar, la obediencia es importantísima, si no todo cae por su propio peso.
Hay personas que entienden esto, pero se olvidan de un detalle muy importante, la perseverancia.
Conozco casos de personas que tienen sueños maravillosos, ideas brillantes y empiezan con buen pie, llenos de energía pero al primer tropiezo se desinflan y es porque, si bien es cierto que soñar no cuesta nada, si no hay compromiso con ese sueño no podrá nunca hacerlo realidad.
Uno de los elementos más importantes para lograr que nuestros sueños se conviertan en realidad es la organización, trazarnos un plan y a este plan de acción determinarle un tiempo para lograrlo.
Fíjese bien en los triunfadores, tienen algo en común: se trazan metas. Lápiz, papel, reloj y calendario en mano, pues si bien es cierto pueden tener ideas brillantes pero si se sientan a soñar despiertos y hasta roncan lanzando

burbujitas nunca lograrán nada concreto. Al contrario,
cada día que pierdan se sentirán menos motivados.
No es suficiente soñar, es necesario darles vida a esos
sueños. Actúe, muévase por favor.
Yo soy una soñadora incorregible y una optimista en
cuanto a lograr mis metas, por eso quiero sugerirle que
tenga siempre consigo una libreta. Si quiere píntele nubes,
estrellas, lunas y más, pero no se quede a vivir en ellas;
bájese de la nube y ponga manos a la obra. Debe actuar
aquí, sí, aquí en el planeta tierra.
Invierta tiempo para trazar sus metas, haga un inventario
de sus recursos y súbase en el carro de sus sueños:

Acelere cuando sea necesario.
Aplique el freno cuando sea necesario.
Y deténgase para analizar los resultados.

Luego vuelva al ciclo y así, poco a poco, cuando menos
lo piense y trabajando con sabiduría y perseverancia
usted estará contando sus éxitos. De solo ser un sueño
estará viviendo una hermosa realidad.
Adelante, somos las manos de Dios en la tierra,
honrémoslo con todo nuestro ser.

Y yo, experta soñadora, puedo asegurarle que es verdad. Pero no se equivoque, si bien es cierto que soñar no cuesta nada, quedarse soñando tiene un precio muy alto y es que nos quedemos contando pajaritos de colores, y el tiempo –que no perdona– se nos vaya sin provecho. Eso si que no.

La Palabra de Dios en Habacuc 2.2 afirma: «Y Jehová me respondió, y dijo: Escribe la visión, y declárala en tablas, para que corra el que leyere en ella». Quiero que fije su mirada en la palabra ESCRIBE. Me cae como anillo al dedo, pues me pone a pensar en que fue escrita para mí.

No me cabe ninguna duda de que Dios sabe que yo, precisamente, no poseo memoria de elefante; más bien tengo que escribir mis sueños para que pasen a la etapa de las metas. Si no fuera por eso, hoy no estaría usted leyendo este libro, cuya única finalidad es ayudarla a que actúe y viva en pie gozando de las promesas que Dios tiene para usted.

A ver, vamos un momentito, tome un lápiz y anote todos sus sueños, déjelos ahí en «remojo», y otro día vuelva a esta misma página y organice sus sueños en metas para que estas se conviertan en REALIDAD. Pero si cree que sin escribir –y a pura memoria– va a lograr algo mejor, le aconsejo que baje de esa nube y ponga los pies en la tierra, pero con lápiz y papel. ¡Manos a la obra!

22

Si tengo, sí puedo.

Me gusta mucho que en mis obras mis lectores sean los protagonistas. Esta misión que Dios me ha dado para expresarme y llegar a ustedes es una bendición enorme. En realidad, como ser limitado, no puedo captar a plenitud esta oportunidad tan maravillosa que Él nos da a los escritores. Es por ello que con corazón agradecido siempre debemos darle toda la gloria y la honra a Él.

Sin ustedes, mis amados lectores, esta dedicación que lleva escribir un libro y publicarlo no tendría sentido. Por ello les doy las gracias, por dejarme contarles tantas cosas que Dios hace y continuará haciendo por todos aquellos que le buscamos de corazón.

A medida que voy conociendo el corazón de mi Señor, los complejos y las estrecheces de mente, de corazón y de cuerpo van quedando atrás.

Muchas veces nos enfocamos en lo que otros tienen, hasta llegar a sentir que es más lo que nos falta que lo que Dios nos ha dado. Eso, mis amados, entristece el corazón de Dios ya que solo le estamos diciendo que nuestros corazones son amnésicos y, por ende, malagradecidos. No podemos permitir que nos pase eso ni una sola vez más.

En este capítulo usted será el escritor, ¿que qué? Sí, leyó bien, el escritor es usted. ¿Declara que sí puede? «¿Y cómo voy a hacer eso Hada María?»

Muy fácil, en el espacio en blanco que le vamos a dejar usted anotará una a una las bendiciones que Dios ha puesto en su vida y sellará la lista con un «Sí puedo».

¿Y por qué? También muy fácil: «Porque todo lo puedo en Cristo que me fortalece».

Entonces manos a la obra, aquí mismo empiece su lista:

Si tengo: (empiece a anotar sus bendiciones)

Con su puño y letra firme: «Sí, puedo».

Ya verá que este pequeño ejercicio para refrescar su mente en cuanto a lo misericordioso y grande que Dios ha sido con usted le cambiará literalmente la vida. ADELANTE.

23

¿Dónde brincará la rana?

¡Ay, mi amigo, no lo sé! Pero puedo decirle que se ajuste su cinturón de seguridad, que la rana aparecerá en cualquier momento. Ese mal rato lo tenemos que pasar cuando tratamos con personas inmaduras en el reino de Dios y ni digamos en el mundo.

Pero ¿también en las iglesias? Sí, también en las iglesias, cuando estamos tan apegados a nuestros talentos y a alguna posición dentro de la congregación que si no nos toman en cuenta o nos mueven a otras posiciones lo tomamos tan personal que entonces brinca la rana.

La rana es para mí ese amor propio que no se ha doblegado aun... ese ego que sigue «vivito y coleando» y que solapadamente está sirviéndose a sí mismo y no al Rey de reyes y Señor de señores, pues su mirada no está puesta en el invisible sino llena de ansiedad por ser reconocida en público.

Y ¿qué de aquello que dice el Señor que si nos conformamos con el reconocimiento del hombre eso es todo lo que tendremos? He pensado muchas veces en eso y he aprendido a esperar primero en el reconocimiento de Dios, que es a quien sirvo; si el del hombre llega o no, no me preocupa.

Sé que Dios está contento con mi trabajo cuando mi corazón sonríe por dentro y hay una paz tan especial que solo yo puedo reconocer que viene de Dios. Esa paz me llena las baterías para seguir adelante.

He aprendido a conocer que si lo que hago bendice a otros es que Dios está en el asunto y eso para mí vale más que mil halagos de la boca de otro ser humano tan limitado e imperfecto como yo.

No es soberbia, sino que cuando uno va madurando en el Señor se desprende de esa necesidad del reconocimiento humano. Primero espera el de Dios y

si hay algún halago de parte del hombre lo agradece
pero también usa el gran borrador para no sentarse a
abanicarse sobre los laureles perdiendo el tiempo en
la vereda soñando con premios y trofeos que son tan
perecederos como la vida nuestra en la tierra.

Mi corazón no es mal agradecido, sino que cuando
conocemos el corazón de Dios las cosas toman su justo
lugar.

Mis amados quiero decirles con toda honestidad que a
pesar de lo que mencioné, a mí también –de vez en
cuando– me salta la rana. Y me avergüenzo delante
Dios y ante mí misma porque las heridas del pasado
que tomaron forma de amargura, falta de perdón y más,
todavía están en proceso de ser cambiadas por paz y
dominio propio.

Les expreso esto no como una justificación sino para
que estemos alerta y no le demos lugar al diablo. Esos
ataques «raníferos» por gracia de Dios me suceden
con menos frecuencia que antes, pues cuando pude
comprender y disfrutar del amor de mi Padre ya esa
rana «multiforme» tenía las patas más atrofiadas. Ahora,
antes de dar el salto para hacerme caer, el filtro de la
Palabra de Dios me hace ver que estoy actuando mal y
me llama al arrepentimiento, y créanmelo que después
de sentirme tan avergonzada le doy gracias a Dios por
guardarme de caer en el estanque de las aguas podridas
donde las ranas del amor propio, la autojustificación y la
soberbia están siempre listas haciendo «calistenia» para
tentarme, ese es su trabajo.

Cuando somos maduros en el evangelio todo se somete
al cambio y para mí una de las áreas más visibles es la
seguridad de lo que soy en Cristo. Por lo tanto, no me
siento a llorar sobre la «leche derramada», cuando a

pesar de haber realizado cierta asignación con excelencia no hay ningún reconocimiento. Por eso veo cómo olímpicamente a los menos «estresados», por decirlo de algún modo, los premian. Confieso que en un tiempo me molestaba, pero cuando entendí lo que dice la Palabra: Que todo lo hagamos como que lo hacemos para Dios, mi actitud empezó a cambiar paulatinamente. Por ello me gozo al saber que mi imperfección puede ser «pulida» por la Palabra de Dios llevándome a vivir una vida interior con paz y reflejándola al medio donde me desenvuelvo.

Estamos llamados a vivir en obediencia, a someternos al molde de la Palabra y eso a veces nos cuesta. En ocasiones me siento como cuando me han tenido que hacer un escaneo médico y me van poniendo en el tubo, entonces como símbolo de control pretendo dejar una pierna afuera o imponer mis reglas de «seguridad personal» al especialista, así mismo ocurre cuando le decimos al Señor: «Bueno, esto y esto lo someto, pero esto y esto tal vez... en un futuro».

Dios es un dios de todo o nada. Cuando usted está en ese tubo llamado escáner es todo el cuerpo o nada lo que presenta. Es un poco atemorizante, pero cuando Dios nos pide todo, una de esas áreas es la del temor de perder el control de nuestras vidas.

Pero, qué control ni que control. Cuando le entregamos el control de nuestras vidas al Señor, es cuando vivimos realmente a plenitud y ¿sabe por qué? Porque el que TODO lo sabe, el que TODO lo puede y el que puede estar en TODAS partes, nos ama con amor eterno guiándonos por una senda que ni por chiste −con nuestras limitaciones− podríamos siquiera imaginar.

Termino de escribir esto y me salta el corazón, hinchado

de emoción y agradecimiento ante la realidad de un ser TODOPODEROSO interesado en mí.

Cada mañana en mis caminatas antes de que el sol salga voy orando y cuando empiezo a darle gracias a Dios por cuidarme no me queda más que derramar lágrimas por su amor. Me estremezco al pensar que Él es un Dios que mi mente y mi corazón no pueden contener. Que está ahí, desde su trono de gracia, viéndome, amándome, interesado en mí. Entonces, ¿por qué permitimos que las ranas se ejerciten saltando constantemente en nuestras vidas?

Esa rana del amor propio, tan a flor de piel, debe ser sometida al dominio propio del cual Dios nos habla.

No podemos permitir que nos mantenga ocupados en esperar reconocimiento sino en servir y trabajar inclusive secularmente como para Dios.

Las amenazas de «saltos olímpicos» seguirán, pero ahora estamos alerta y podemos parar a esa rana del orgullo, la amargura, el odio, la falta de perdón, la inmadurez espiritual y más antes de que se posesione de nuestras emociones y nos hunda en el estanque podrido donde se abastece.

Así es, usted y yo, ya advertidos de la situación debemos estar alerta y velando, evitando ser personas de doble ánimo. Podemos ser tentados, pero ojo, con la ayuda de Dios y su Palabra evitaremos caer en tentación.

Entonces, ranas saltarinas, es mejor que dirijan sus saltos a otro lado pues con nosotros corren el riesgo de acabar en sillas de ruedas, con muletas o morir en el intento.

¿Dónde brinca la rana? ¿Lo sabe usted? ¿No? ¡Yo tampoco! Pero lo averiguaremos, no lo dude. Sólo quiero que nos ajustemos los cinturones y nos lancemos a atrapar las ranas que saltan –no del estanque sino de nosotros mismos– y que no son precisamente anónimas, tienen nombres y apellidos:

-Doña Rana Soberbia

-Doña Rana Amor Propio

-Doña Rana Envidia

-Doña Rana Autoestima Baja

Y no continúo porque no hay cama para tanta rana.

Pero, ¿sabe? Hay uno que con su amor puede cambiar ese estanque de aguas oscuras por un hermoso florero de agua fresca lleno de flores. Esas flores son el gozo y la seguridad que encontramos en Él.

No concluya este capítulo sin ir a la fuente de aguas cristalinas rodeada de hermosas y perfumadas flores:

Proverbios 8.13

Proverbios 16.18

Isaías 10.12

24

Tiempos peligrosos

No es necesario ser muy perspicaces para darse cuenta de que estamos viviendo tiempos en que las manecillas del reloj pareciera que están más apuradas y afectadas por el estrés, y que el día menos pensado también caeremos víctimas de un colapso nervioso. Pero eso no es otra cosa que indicios claros de que estamos viviendo en tiempos muy peligrosos, y no me refiero solamente al hecho de las amenazas terroristas, las pruebas de las bombas nucleares, etc., sino a que hoy más que nunca lo que sostiene la vida del ser humano para que aporte –con su estabilidad emocional– a una sociedad también estable se está desmoronando: la familia.

Veo la gran diferencia entre los hijos apoyados por ambos padres y los que solo viven en hogares temporales, con uno de los progenitores, con los abuelos y hasta con uno que otro pariente que se vio –sin remedio– en la necesidad de ampararlos.

El Señor, sabio por excelencia, pensó en una familia de dos seres diferentes entre sí que al unirse con sus divergencias formaran el marco ideal para que llegaran los otros miembros tan esperados: los hijos. Pero, con dolor en mi corazón y no dudo que Él se sienta igual, veo cómo ese proyecto –pensado y realizado con todo amor– en el que el hombre –que es el sello de oro de su creación–, no le está dando la importancia que debe al punto que por razones a veces ridículas, decide terminar con la familia.

Y después de batallas legales y heridas emocionales de muerte alegan que se recuperan y quieren «rehacer» sus vidas y, por supuesto que tienen derecho de hacerlo, pero muchas veces se adelantan al tiempo y es por ello que en los registros civiles están celebrándose terceras, cuartas y hasta quintas nupcias. Ahí es cuando aparecen núcleos familiares de «los míos, los tuyos y los nuestros» estableciendo diferencias entre los que llegan de otras relaciones, clasificados ya como «agregados» y los que nacen en ese nuevo matrimonio –clasificados como «los nuestros»– y ¿qué de los otros? Siempre se sentirán como paracaidistas.

Obvio, microbio, que el matrimonio no es una constante melodía de violines. A veces el fondo musical está respaldado por grillos, música de tambores de guerra, guitarras desafinadas y hasta platillos de victoria, pero es una institución formada por dos seres humanos imperfectos que, ya partiendo de esto, deben buscar la manera de que al menos los tambores de guerra no suenen y que las lanzas sean guardadas en el sótano de la casa o mejor quemadas.

Llevo treinta años de matrimonio y puedo decirles que antes de conocer al Señor muchas veces sonaron los tambores de guerra y estuvimos tentados a sacar las lanzas, pero Dios –como siempre– llegaba en el momento oportuno y me ayudaba a poner las cosas en perspectiva. Y aunque la mayor parte del tiempo suenan violines, a veces dan notas desafinadas; y es ahí cuando hay que afinar el oído y la melodía.

Vivimos tiempos difíciles en que el enemigo nos entretiene en peleas mientras nuestros hijos crecen y, por estar discutiendo por apoderarnos de la razón, ellos ven con tristeza como los «supuestos» pilares del hogar se muestran los dientes.

Cuando pienso qué hubiese sido de mi vida –y en especial de las de mis cuatro hijos– si yo no hubiera conocido al Señor y esos tambores de guerra hubiesen seguido tocando, me da escalofrío, sobretodo cuando pienso en mi Rodrigo enrolado como soldado, lejísimos de casa y sin el apoyo de sus padres. Cuando la nostalgia me gana la partida, el hombro de mi esposo me sustenta; porque es el único –además de mi Señor–, que entiende esas lágrimas. Es muy simple: Rodrigo es sangre de su sangre y también lo extraña.

¿Y qué cuando el mayor, Roger F., debe viajar por asuntos de trabajo? Aquí está mamá clamando por la gracia y el favor de Dios durante su viaje y por las decisiones de negocios que debe hacer.

¿Y si es la tercera, María Alexandra, en una universidad lejos de casa? También la apoyamos desde aquí y establecemos sobre ella Proverbios 31 para que sea una mujer virtuosa.

La pequeña Valerie, que aún está en casa, es la oportunidad que Dios todavía nos ha dado para que crezca viendo a sus padres unidos aunque no precisamente de acuerdo en todo, no somos robots, pero sabiendo ella que estamos aquí tanto para ella como para sus hermanos; y que el día que ella también extienda sus alas y emprenda el vuelo siguiendo la ruta que Dios le ha marcado, podrá volver la mirada hacia su casa, al igual que hacen sus hermanos y nosotros estaremos aquí esperándolos siempre.

Estamos en tiempos en que no debemos perder el tiempo, valga la redundancia, yo misma veo que el Señor me lleva a millón logrando metas en estos últimos cuatro años, metas que durante más de veinticinco años solo se medio dibujaban como sueños. A veces le digo: «Bueno Señor, ¿es que ya me vas a llamar a tu presencia que estás poniendo todo en fila y lográndolo de manera espectacular?» Todavía creo que mi arpa no está lista. Queridos amigos, es mejor que pongamos mucho cuidado en cada día que vivimos y en cómo estamos invirtiendo nuestro capital «tiempo». Es mejor que sea sirviendo a Dios con todo nuestro ser, aunque no sea precisamente dentro de las paredes de la iglesia, sino dondequiera que vayamos ya que nosotros somos la iglesia.

La cuenta del reloj continúa y está marcando tiempos difíciles...

Aquí no tengo mucho que agregar de mi propia cosecha, pero le puedo dar un tesoro valioso que brota del corazón de Dios, lleno de amor por usted y por mí: 2 Timoteo 3.1-5.

¿Usted cree que con este "arco iris" de maldad no hay razón suficiente como para buscar la sabiduría de Dios y refugiarnos bajo las alas del Altísimo? Yo todos los días dependo más y más de Él pues estoy ABSOLUTAMENTE segura de que sin su protección no podemos sobrevivir en estos tiempos cada vez más difíciles y no menos peligrosos.

«Padre mío, en el nombre de Jesús, te ruego que me cubras con tu sangre preciosa. Clamo por tu sabiduría para poder caminar en medio de estos tiempos, y declaro sobre mí y sobre los míos que ninguna lengua, ni ninguna arma forjada se levantará en contra mía ni de mis seres amados, amén».

25

Esparcidoras de gozo

El gozo es uno de los regalos más hermosos que Dios nos da y solo puede venir de Él ya que es un don que no se empaña con los nubarrones de las circunstancias y es algo que muchas personas que no conocen cómo es el corazón de Dios no entienden.

Una vez, mientras hablaba con un inconverso, me decía que nosotros los cristianos todo se lo «achacamos» a Dios, y que hasta cierto punto somos irresponsables pues en medio de los problemas estamos diciendo: «aleluya, gloria a Dios, etc.». Y me objetaba diciendo qué clase de conducta es esa. Cuando terminó de tirar su última bocanada, le dije que si él le diera la oportunidad a Dios de conocer su corazón podría entender de primera mano que el gozo es un antídoto en contra de la desesperanza y una muestra de responsabilidad. Pues cuando ya lo hemos tratado casi todo y no podemos poner nuestras vidas ni las de nuestras familias en las manos de cualquier persona, tenemos a un Todopoderoso en quien ponerlas.

Todavía con su cara de sabelotodo me dijo:

—Hada Maria, todo suena muy bien, pero ¿quién me lo garantiza?

Y le conteste:

—El mismo que te creó, Dios.

Se levantó, se rascó la cabeza y se despidió. Solo espero que esa picazón que le dio haya sido como un dardo que le alborote la neurona y le inquiete su corazón.

Pero es cierto, a veces me pasa en mi misma casa. Mi esposo me dice que cómo es posible que esté con paz y hasta sonriendo cuando las cosas están color de hormiga, pero solo tengo una respuesta y es que conozco cómo Dios opera. Yo confío en Él y por ello espero y no pierdo mi gozo.

Solo de imaginarme que esté pasando el Niágara en bicicleta, con cara de alpargata, con el corazón más arrugado que un acordeón y con una visión derrotista, me da repelo.

¡Ay, que horror! Esa no soy yo.

Sé con todo mi corazón que ese gozo permanente aun a pesar de... solo puede ser real cuando estamos conectaditos al corazón de Dios. Como los bebés en el vientre materno, que reciben vida a través del cordón umbilical. Para mí, el cordón umbilical es mi comunicación constante con Dios, lo que es nada menos que la oración.

Hay días en que los nubarrones amenazantes dicen que se aproxima una tormenta, pero dejo a un lado las predicciones fatalistas –tomando en cuenta las circunstancias– y busco en el corazón de Dios la fuente de mi gozo.

No se cómo va a tomar esto, pero cuando tengo algo que resolver hago todo lo que tengo que hacer. Por ejemplo, en el caso de un hijo enfermo, en primer lugar oro por su sanidad, lo llevo al hospital, sigo las instrucciones del médico, voy a la farmacia, compro la medicina, se la doy y aunque no vea resultados –pues hay que volver a hacer la misma vuelta–, le digo al Señor que espero en Él y que por negligencia no va a ser ya que Él tiene la última palabra.

Y aun así, «confiando», podremos tener momentos en que nos aflojemos un poco, pero retomamos el camino confiando en Dios y con gozo en el corazón continuaremos la senda de la vida.

Creo que las personas que son esparcidoras de gozo son como esas mariposas de mi jardín, que cuando aparecen uno quiere contener hasta la respiración para envolverse en su majestuoso halo y disfrutar de esa gracia delicada y hermosa de su presencia. Es algo contagioso y que no pasa inadvertido.

Cuando una esparcidora de gozo llega a un lugar, es una luz instantánea que rompe las tinieblas, es una mensajera de gozo que Dios envía a llevar esperanza y alivio a esas almas cargadas.

Dios no podía dejarnos vivir en esta tierra sin los elementos necesarios para vivir a plenitud. Una de esas herramientas es el gozo para que lo llevemos dondequiera que vayamos, permitiéndoles saber a los demás que creer en Dios da vida, gozo y que da resultados.

Hay días en que los nubarrones se ciernen amenazantes sobre nosotros y en los que se avistan tormentas, pero quiero invitarla a que deje a un lado las predicciones fatalistas y no tome en cuenta las circunstancias. Más bien busque en el corazón de Dios la fuente del gozo. Si hay alguien que puede decir que todavía está en pie gracias al GOZO que el Señor ha puesto en su corazón, esa soy yo.

No se deje llevar por las apariencias cuando vea a alguien que está siempre alegre a pesar de... casi nunca es mi querida amiga, porque esa persona no tenga circunstancias difíciles por resolver, sino porque ha recibido de parte de Dios el antídoto contra el desánimo; que no es otra cosa que el GOZO, fruto del espíritu y de CONFIAR y ESPERAR en Dios.

Las esparcidoras de gozo se identifican aun en medio de la oscuridad porque la gracia y el favor de Jesús va con ellas dándoles la capacidad para ayudar a otros así ellas mismas lleven una carga pesada.

Vaya a las Sagradas Escrituras y busque:

Nehemías 8.10

Juan 16.20

Salmo 119.111.

La mujer y los trapos

26

Este capítulo se lo dedico a mi amiga Marion, que es realmente la dueña de esta reflexión tan profunda. En una de esas conversaciones que solemos tener, menos de las que nos gustaría pues las dos vivimos muy atareadas –en especial ella con niños chiquitos y su nueva escuelita en casa–, comentábamos acerca del papel de la mujer en la sociedad. Mejor dicho, de los papeles, pues en realidad somos una caja llena de rollos de papel toalla que está en todas y para todo.

A veces nos sentimos exhaustas por tanta responsabilidad, pero he encontrado que nos sucede porque pretendemos ser mujeres maravilla y no establecemos prioridades ni delegamos tareas a los otros «socios» de la «empresa familia». Sin embargo, cuando entendí eso fue maravilloso, ya que me concedió tiempo para realizar tareas tan gratificantes como leer, trabajar en mi jardín y escribir. No era necesario que yo lo hiciera todo.

A pesar de tantas variedades de «instrumentos» de limpieza, en realidad, las mujeres desde que nacemos estamos relacionadas de alguna forma con los trapos, ¿los trapos? Sí, los trapos.

Y esta es la reflexión:

Cuando nacemos nos envuelven en trapos, cuando crecemos y hay ese cambio de niña a mujer también se necesitan los trapos (esos que han sido sustituidos por toallas sanitarias), cuando nos casamos hay que preparar muchos trapos: sábanas, fundas, sacudidores, trapos de la cocina, trapos para limpiar piso. Luego cuando van a nacer los hijos hay que volver a entrar en contacto con otra clase de trapos: sabanitas, baberos, trapitos para cargarlos al hombro y recuerdo que cuando nacieron los mayores míos –que no habían pañales desechables– tenía que correr a preparar los pañales de tela (o trapo).

Al ir envejeciendo necesitamos trapos para limpiarnos las lágrimas, cuando los hijos se van de casa tenemos que usarlos otra vez. Luego trapos para limpiarnos la baba, cuando llegan los nietos y nos derretimos por ellos; al ratito necesitamos trapos para la incontinencia, menos mal que como en el caso de los bebés ya hay pañales desechables para las «damas de la tercera edad», nosotras. Y cuando morimos nos envuelven en trapos antes de ponernos en nuestra última morada.

¿Había pensado en eso antes?

Las mujeres –desde que nacemos hasta que morimos– tenemos una relación íntima con los trapos, es como un símbolo en nuestras manos pues además del uso cotidiano siempre queremos tener uno a la orilla del sofá, cuando tenemos frío o cuando uno de nuestros polluelos se queda dormido y nuestra reacción automática es cubrirlo con una colchita –que no es otra cosa que un trapo con forma de abrazo extendido– durante todo ese tiempo que duerme tranquilo enrolladito en la punta del sofá.

Así somos, siempre queremos arrullar aunque sea con un trapo todo lo que es valioso para nosotras.

Querida amiga, no tengo comentario alguno, esta vez es a usted a quien le toca aportar algo. La veo al ratito...

27

Apague el casete

Recuerdo como si fuera hoy cuando mi hijo Rodrigo estaba pequeño. Para dormir su siesta siempre me pedía que le pusiera el casete con la música de la «Niña de la mochila azul»; le encantaba, pero a mí ya me tenía mareada.

Con Valerie pasaba casi lo mismo, solo que en el carro, pues me pedía el casete de la historia de *El libro de la selva*, muy divertida al comienzo, sobre todo cuando salía la marcha de los elefantes, pero día a día en medio de un tráfico de locos –y corriendo en contra del reloj– ya aquellos elefantes me pesaban sobre mis hombros.

Bueno, esto es un resumen con un poco de humor de asuntos sin gran relevancia; pero cuando ese casete es el mismo, repitiendo una y otra vez historias negativas de personas que se vuelven repelentes pues por más que uno les diga están ahí dándole una y otra y otra vuelta al mismo casete, solo dan deseos de tener alas y salir volando.

Ay mis amados, Hada María también tenía su casete cantaletoso, aburridor y cansador. Creo que cuando lo encendía en mi cerebro y lo activaba con mi lengua, las personas que me rodeaban –en especial mi familia directa– estaban ya al borde del suicidio y se sabían una a una las palabras de aquel viejo y aburrido lamento. Cuánto los hice sufrir con mis confesiones derrotistas, mis quejas congeladas en el tiempo, mis regaños constantes y mis frustraciones ancladas en el lago de la amargura.

Yo sé muy bien que todos hemos pasado por situaciones desagradables, tristes y con aflicciones de todos colores, que se originaron muchas veces en nuestra niñez; pero llega un tiempo en que ya esa «quejabanza» se institucionaliza a tal punto en nuestra vida que la mente se vuelve «cuadrada» y suena como una caja de resonancia que desespera a los demás.

Puedo decirle que en mi trabajo hay personas que tienen el casete trancado en la misma tonada. Hay otras que constantemente me llaman para buscar un trabajo, les informo sobre las oportunidades disponibles y la respuesta siempre es la misma: «Hada María, mejor te llamo mañana para ver qué nuevas tienes» y en eso llevan meses. Yo los ayudo y les respondo con mi casete dándoles las nuevas oportunidades pero, créanmelo, que solo Dios me provee la paciencia para oír ese casete.

El mensaje entre líneas que me envían es este: «Busco trabajo, pero no lo quiero hallar...»

Por favor, le pido que tenga compasión con los demás y apague el casete. De una a tres veces es soportable oír la cantaleta. Sin embargo, si a pesar de aconsejar a esa persona –y presentarle opciones para resolver su situación–, no hace nada de su parte, es inútil seguir tratando de ayudarla. Es más fácil para esa clase de gente encender el casete del derrotado y la autocompasión, ya que eso no requiere esfuerzo. Pero al pobre que le toque oír esa vieja tonada, es probable que llegue al borde del suicidio y por más compasión que haya en su corazón, el casete lo tendrá aburrido o harto.

Mamá, por favor, apague el casete del chantaje con los hijos:

«Yo que tanto me sacrifico por ustedes, que ni salgo a tomarme un café por tenerles todo listo... y bla, bla, bla».

Ya los hijos ni oyen o solo escuchan un ruido porque ese casete no tiene efecto, más bien los predispone contra ese «sacrificio» de tener hijos.

Papá, apague su oxidado casete que dice:

«Yo que me parto la vida trabajando para ustedes y ni lo agradecen... y bla, bla, bla».

No hay otra papá, le tocó el papel de proveedor y, es verdad, a veces los hijos actúan como si no apreciaran su dedicación pero... usted es el papá.

Hija, deshágase de su casete:

«Ustedes siempre lo mismo, no son capaces de entenderme, las mamás de mis amigos si son a todo dar... y bla, bla, bla». Cada familia cría y educa a sus hijos de diferente manera y recogen resultados diversos.

Amiga, póngale un fósforo a ese deteriorado casete:

«Te lo dije, si solo me hubieras hecho caso... y bla, bla, bla». Su amiga no es su hija, puede aconsejarla, pero no espere que ella haga lo que usted considera sabio; ella tiene su propio poder de decisión.

Así es que le aconsejo que piense en su casete, que con seguridad de tanto ponerlo hasta la pobre grabadora debe tener un callo. No tire en saco roto lo que le estoy diciendo, pues cuando somos tediosos a tal punto que la gente nos huye y corremos el riesgo de quedarnos más solitos que la una. No culpo a quienes lo hagan, si han tenido que calarse ese gastado discurso.

Renueve su mente, oxigene su corazón y cámbiele la música a su casete. Regrábelo con palabras de aliento y, si es necesario, con pausas oportunas.

Me gusta lo que oí un día cuando un hijo tenía loca a su madre con la misma cantaleta y ella le dijo: «¿Sabes qué, hijo? Si le arreglas un poco la letra y le pones música a tu cantaleta sería una canción».

Amados amigo y amiga, no corran ese riesgo, apaguen el casete.

Deténgase un minuto...
Examine sus pensamientos y controle su lengua.
«Guarda tu lengua del mal y tus labios de hablar engaño» nos dice claramente el Señor en el salmo 34.13. Y yo le digo: «Olvídese del viejo casete, pídale a Dios que ponga en sus labios un cántico nuevo».
Elabore una lista de los pensamientos nuevos que van a sustituir a los viejos patrones y echarán a la basura el viejo casete de la quejabanza.

Con este asunto de mi trabajo, a veces las personas me comentan cosas que me sorprenden. Esto que les voy a relatar, espero que les haga pensar muy en serio.

Estaba una vez en mi oficina, cuando apenas comenzaba a ser parte de la fuerza laboral de esta gran nación, y un señor que buscaba trabajo me pidió un consejo: «Señora Morales, se ve que usted es una persona sabia (???) y quisiera pedirle un consejo. Fíjese que mi esposa se ha convertido al cristianismo y está en una congregación tan apegada a la ley que he visto cambios en ella que me horrorizan».

Yo tragué grueso y seguí escuchándolo sin interrumpirlo. «Pues ha de creer que antes padecía de muy mal carácter al punto que por todo se ponía histérica; pero ahora, Señora Morales, se pone histórica».

No sé cómo pude contener la risa, para mí eso fue algo novedoso, nunca había oído ese tipo de «metamorfosis», por llamarlo de alguna manera; así que disimulé, él respiró profundo y me dijo: «Ha de creer que para todo me saca mis pecados del pasado, con día, fecha y hora; y me dice que si no los reconozco y me arrepiento, me espera en los infiernos una gran olla que tiene mi nombre y apellido».

Ya esto último fue demasiado para mí y solté una risita disimulada en una tos fingida, ya que solo me lo podía imaginar hecho sopa de pollo.

Y sin tomar en cuenta mi «tos» continuó diciéndome: «Eso no es todo, ahora le ha dado por no maquillarse. Solo puede ver a los mismos de su congregación y el colmo es que ya no quiere ni ser "cariñosa" conmigo...» Como ustedes podrán imaginarse, quería hacerme invisible ya que eso era demasiado para mí, como nueva creyente que era en ese tiempo.

Cuando terminó de contarme su pena, le dije que lo mejor era sentarse a conversar y que buscaran ayuda y consejería con alguien que amara a Dios y estuviera fuera del círculo de la congregación y sus amistades. Creo que fue lo más acertado, ya que si hay algo que detesto es que la gente que no sabe qué decir se ponga a inventar y en vez de ayudar enrede más el asunto.

Él se levantó y se fue un poco aliviado, dispuesto a buscar ayuda. Era claro que amaba a su esposa y deseaba salvar a su familia. En esos casos es mejor abstenerse de «lucirse» y recurrir al discernimiento enviando a las personas a que busquen ayuda en el lugar correcto. Cuando uno no sabe qué hacer, eso de ponerse «creativo» puede enredar las cosas. Uno no tiene por qué saberlo todo. Gracias a Dios porque ha capacitado personas para ayudar en esos casos.

Pero es verdad, yo me atrevería a decir que uno de los cambios más importantes que debemos experimentar al venir a Jesús es entregar esa «memoria» de elefante, pues tendemos a ponernos históricas y llevarles la cuenta hasta de la respiración a los demás volviéndonos un archivo de rencores y mala voluntad contra los demás y con la vida. No hay otra alternativa que perdonar. El que perdona de corazón puede recordar sin dolor. Y sé que si usted, al igual que yo, ha pasado por un proceso de esos, estará leyendo esto y afirmando con su cabeza.

Si ponerse histéricas es fatal, agregarle eso de ponernos históricas nos convierte en mujeres repelentes, sin derecho a quejarnos por estar y vivir más solas que la una.

Le invito a que juntas hagamos esta oración:

«Jesús, tú que eres el amor mismo y que siendo quien eres me has perdonado todos mis pecados, ayúdame –por favor– con tu gracia a perdonar y a tener la voluntad de quemar todos mis "archivos" donde guardo hasta la más pequeña ofensa que he recibido de parte de mis seres queridos y de los que han pasado dejando alguna huella negativa en mi vida. Ayúdame a dejarlos ir y a vivir con una mente renovada y capaz de recordar sin dolor. Todo eso te lo pido, Padre mío, en el nombre de tu amado Hijo Jesús, amén».

Ya estamos en camino a una vida abundante, adelante.

Si nos ponemos histéricas es fatal, «condimentar» la situación poniéndonos históricas sólo nos convertirá en mujeres repelentes y solitarias. Y si para colmo usamos de fondo musical nuestra quejadera e inconformidad, le restaremos valor a nuestros esfuerzos por dejar el pasado y así aceptar esa vida nueva que Dios nos quiere dar.

«Padre, hoy quemo mis archivos llenos de recuerdos dolorosos y decido creer en ti como el Dios Todopoderoso, capaz de poner un nuevo canto en mis labios».

29

Cuando el nido queda vacío

Las personas que me conocen saben que amo a los pajaritos, es más, cada mañana al levantarme una de mis rutinas es ponerles alimento en los comederos que tengo distribuidos en diferentes áreas de mi jardín. Disfruto mucho al verlos acudir a la cita y compartir socialmente en su desayuno matutino. Llegan unas siete clases de aves distintas, pero a la hora de compartir el alpiste no hay diferencias, los unen sus estómagos hambrientos. Soy una mañanera incorregible, no solo porque debo salir temprano a mi trabajo sino porque fui criada en una ciudad del interior de Nicaragua donde la gente ya está en acción aun cuando el sol no ha salido. A eso le sumo mis seis años en el internado, donde la campana sonaba a las cinco de la mañana. Así que el hábito de «mañanear» es parte de mi forma de ser. Eso me ha dado regalos tan hermosos como disfrutar de mi casa en total silencio y tener mi tiempo a solas con Dios, tomar mi café en la penumbra de mi jardín y gozar de los revoltosos pájaros que acuden a mi restaurante.

Es lindo verlos brincar y volar de un comedero a otro. Algunos, los más aseados, además de tomar agua se bañan. Estos privilegios son para mí un regalo muy particular de Dios.

Siempre he pensado en la familia como un nido de pajaritos. Así como los pajaritos, los niños deben permanecer bajo el cuidado de sus padres hasta que estén listos para volar. Los hijos son así, vamos fortaleciéndoles sus alas con enseñanzas, consejos, educación y, sobre todo, fe para que el día que estén listos para volar las estiren con seguridad, evitando lo mejor posible los aterrizajes forzosos.

Creo que las madres, aunque estemos listas para ese vuelo intelectualmente, sentimentalmente no lo estamos.

A veces, eso se vuelve un problema pues hay mujeres que además de amar a sus hijos los quieren poseer y les cortan las alas convirtiéndolos en avecillas que están a merced de cualquier gato de vecino.

La etapa del nido vacío lo queramos o no, debemos vivirla. Por eso es mejor que estemos conscientes de ello. Si preparamos a los hijos desde su infancia, no solo para gozar de un nido seguro sino para que sepan que algún día partirán a realizar por sí mismos el suyo, es muy probable que tengan éxito en su tarea. Es mejor que poco a poco vayan siendo instruidos para que sepan cómo es el mundo.

Paulatinamente he ido viendo cómo mi nido va quedando vacío, pero creo que Dios me puso un resguardo al darme una carga de oración con mucho tiempo de anticipación. He orado por mis cuatro hijos para que cuando llegue ese momento Dios los guarde con amor y les dé sabiduría. Así cuando tengan que tomar las riendas de su vida, tendrán mejores herramientas para avanzar. Siempre le he pedido a Dios con todo mi corazón que las alas de mis cuatro pajaritos sean fuertes y que lo que se les ha enseñado sea la guarnición para remontar un vuelo suave, estable y que los lleve a buen puerto.

Claro que está demás decirles los cambios tan bruscos que suceden en el hogar cuando uno a uno va dejando el nido. El primero es vender una casa de cinco cuartos y tres baños porque ya no tiene sentido tenerla y hay hasta eco cuando mencionamos los nombres de los que han emprendido el vuelo y no nos responden como antes: «Sí mamá, ¿me llamabas?» Y como respuesta solo hay un silencio que esperamos sea roto cuando regresen a casa... de visita.

Entonces uno se compra una casa de tres cuartos y dos baños para los que aún están fortaleciendo sus alas pero, que en menos de lo que canta un gallo, ya sobra un cuarto y se convierte en oficina o en cuarto de huéspedes para cuando uno de los pajarillos regrese a casa... de visita.

Aún me queda un pajarito que a esta fecha, en dos años se parará a la orilla del nido y volará para que mi esposo y yo pensemos cambiar de nido a otro sin tantos cuartos, sin tanto afán, solo un nido cálido y sencillo donde podamos vivir respetándonos y esperando la visita de nuestros hijos y sus propios pajarillos.

La vida es así. Escribo esto y me estremezco ante lo real del nido vacío, pero –gracias a Dios– las mujeres que creemos en el amor del Padre sabemos que en todo tiempo y en toda etapa de nuestras vidas Él nos dará el sentido para vivirla. Nos dará también el gozo para esperar en Él y en que los pajaritos que ya están formando otros nidos vengan con sus polluelos –como los de mi jardín– a disfrutar del nido de los abuelos y del comedero del corazón lleno de amor para ellos.

Esto lo estoy escribiendo hoy, 2 de enero del 2006, en mi campamento de fin de año. Alrededor de mí hay cinco cardinales volando confiados. Mi perrita Oreo sale feliz de la tienda de campaña a recibir a mi esposo y a mi último pajarito, Valerie, que llegan de un paseo en kayak.

Puedo imaginarme un día en mi nuevo nido, en un lugar como este, en mi cabaña construida de troncos alistando el nido, pues mis pajaritos regresan a casa... de visita.

Hoy mi pajarito mayor, Roger, ha formado su propio nido con una hermosa joven mexicana de nombre Ethel. Mi otro pajarito, soldado en tierras lejanas, vendrá de visita y luego partirá. Mi pajarita Alexandra estuvo de vacaciones, pero ya regresa a su universidad; y mi pajarita Valerie espera su turno...

El fin del año 2006, tres de mis pajaritos se reunieron con nosotros para pasar unos días lindos en una cabaña que alquilamos a la orilla de un río. Fueron unas vacaciones lindas, como en los viejos tiempos pero... faltó a la cita mi pajarito que sirve en el ejército en tierras muy, muy lejanas, mi querido Rodrigo, al cual extraño y deseo ver pronto, y que un día se una a esta «misión vacación», en la que nos pasemos un tiempo muy especial.

De regreso... cada quien a su nido.

«Hay amores que matan». ¿Por qué digo eso? Porque a veces, las madres –aunque digamos que estamos conscientes de que nuestros hijos van a partir para cumplir la ley de la vida, esto es, a hacer sus propias vidas–, no estamos listas sentimentalmente para enfrentar el nido vacío y algunas –creyéndose dueñas de esos seres que un día acunamos en nuestros regazos– hasta queremos cortarles sus alas haciendo que se frustren.

Si usted, mi amada amiga, al igual que yo está viendo partir a sus pajaritos, refúgiese bajo las alas de nuestro Padre pues su amor es lo único que logrará darle paz a nuestros corazones y, ¿sabe? Él también nos pondrá actividades que nos hagan sentir vivas mientras nuestros nidos empiecen a llenarse de los polluelos que nuestros hijos traerán a casa, claro de visita, los amados nietos. Todavía no tengo ninguno, pero los puedo oler en el horizonte. Además, me encanta lo que afirma el proverbista: «Corona de los viejos son los nietos» (Proverbios 17.6).

La invito a que elabore una lista de las actividades que le gustaría hacer ahora que está en el proceso de espera... de los nietos claro. Y que no pudo realizar en el trajín de su etapa de mamá, esposa, chofer, lavandera, planchadora y mucho más.

Le regalo estas escrituras que han sido vitales para mí: Salmo 84.3 y Proverbios 27.8.

30

¿Qué pasa cuando el carro no arranca?

Tomando en cuenta que la mente de la mujer es muy veloz y nuestra «habilidad» de comunicación aun más, puedo imaginármela a usted respondiendo a esta situación –que quizás catalogue como tonta– pero... cuando en la realidad el carro no arranca y estamos ya todos montados para llevar los niños al colegio, ir al trabajo o –en el peor de los casos– al hospital, hasta nuestra fe es probada.

Muchas veces, después de nuestro devocional matutino –y de haber estado en verdadera comunicación con nuestro Padre y dispuestas a todo por Él–, tenemos que dedicarnos a la rutina diaria pero... el carro no arranca... y ahí es cuando la cosa se pone buena.

Quiero decirle mi amada que esta situación no me es ajena y la he sufrido unas tres veces en mi vida, dos antes de Cristo y una después de Cristo. Alguien preguntará: «¿Tan vieja es usted Hada?» No tanto, pero puedo decirle cuál ha sido mi reacción ante esas circunstancias que nos suceden y que cuando les ocurren a otros no tienen importancia, sin embargo cuando es a nosotras: ¡Qué horror. Señor, ¿cómo me puedes hacer esto?! Ajá.

Bueno he de decirle que cuando Cristo era un ser lejano y con muy poca participación en mi vida, las dos veces que el carro no me arrancó creí que era el fin del mundo. Casi quería tomarme un galón de insecticida, pero qué diferencia, mi hermana, cuando este hecho me sucedió en la otra parte de mi vida, cuando Cristo apareció como protagonista de ella.

Quiero decirle que la última vez fue en circunstancias peores que las dos anteriores, pues a mi carro se le murió la batería en un semáforo y, si usted ha estado alguna vez en Miami, sabrá cómo es el asunto en cuanto al tráfico de esta ciudad en crecimiento. Y no tanto por

la cantidad de automóviles sino por los conductores
que por cualquier cosita arman una asonada de
cláxones. Pero ahí estaba yo, en mi escarabajo verde,
con un coro de chóferes apurados, y me imagino que
«bendiciéndome» a su modo.

¿Por qué le digo esto tan simple? Porque Dios nos pone
a prueba en circunstancias tanto aparentemente simples
como complicadas y es entonces cuando tenemos que
pasar el «examen» que nos comprueba que estamos en
serio cuando le decimos al Señor que TODO, TODO se lo
entregamos a Él.

Recuerdo como si fuera hoy que respiré profundo y
no me podía bajar del carro, ya que los enardecidos
chóferes pasaban zumbando al lado de mi pequeño
escarabajo verde, pero... con mi corazón a millón
clamé a Dios que me ayudara, creí que iba a salirme el
«lagrimón», pero antes de que eso sucediera el semáforo
se puso de nuevo en rojo y un ángel moderno salió a
mi rescate proveyéndole corriente a mi batería para llegar
a casa.

¿Ve usted la diferencia? Cuando el carro no arranca en
medio de un tráfico atestado de chóferes impacientes es
igual que cuando no nos alcanza el dinero para pagar la
cuenta del teléfono. No tener ánimo para levantarnos a
luchar con una enfermedad es como nadar en medio de
una pileta llena de pirañas, pero ¿sabe qué mi hermana?
Dios tiene poder para sacarnos de esas situaciones y
llevarnos adelante.

Tenemos que ser mujeres de una fe firme, a prueba
de hijos rebeldes, finanzas estrechas, motores que no
arrancan, esposos inconversos, enfermedades que nos
minan el cuerpo, oraciones sin contestar... mujeres
que aun en medio de un mar atestado de tiburones

podamos decir a voz en cuello: «Mar, no me asustas, pues yo conozco en la intimidad al que te creó y si una vez te dividió para que pasara más de un millón de seres humanos con todos sus enseres y animales, ese mismo Dios puede hoy, sí hoy, limpiar este mar de tiburones y llevarme a puerto seguro».

Sé que esto no es fácil cuando tenemos un hijo que anda por la calle a altas horas de la noche, otro que tal vez ni sabemos dónde está, otro entregado al vicio, otro enlistado en el ejército y que en cualquier momento lo llaman al frente de batalla; no es fácil cuando las cuentas se acumulan en el canasto de la cocina, tampoco lo es cuando abrimos la nevera y solo hay un eco y agua pero... cuando nuestro corazón está determinado a creerle a Dios y estamos dispuestos a obedecerle, Él lo hará otra vez, abrirá camino donde no lo hay y ríos en tierra seca.

Cada una de las mujeres que un día decidimos ser parte del ejército de Dios y nos paramos en la brecha para pelear por nuestras familias, veremos que Él es fiel y nos sacará adelante, no lo dude nunca. Así esté pasando por un valle tenebroso y rodeada de coyotes, alacranes y serpientes. El Señor dice muy claro que «en el mundo tendremos aflicción», pero que Él ha vencido al mundo. Así es mi querida mamá, aunque la higuera no florezca y el carro no le arranque, siga adelante.

Es probable que nos sintamos realmente desgraciadas, abandonadas y furiosas; y a punto de un ataque de nervios, pero, ¡alto! Es tiempo de poner esa carita de aleluya y la sonrisa a flor de piel, como cuando estamos en la iglesia. Bueno, no espero tanto pero si es tiempo de serenarnos, clamar a Dios por sensatez y actuar con cordura... respirando profundo y esperando que esta vez cuando le «demos» al motor de arranque funcione.

¿Y si no? Entonces, ¡llame al mecánico! Para finalizar este capítulo le dejo una sabia recomendación: Vaya a Lucas 8.13 y luego me cuenta cómo le fue, espero su carta. Escríbame a: Hada_morales@yahoo.com

Al concluir la revisión y edición de mi libro *Madres: un ejército anónimo* siempre me quedó la sensación de que había dejado fuera de sus páginas a más de un papel de nosotras las madres y me dije: «Bueno, no es posible hablar de todo, pero este libro es un homenaje a esa labor constante y a veces extenuante que desde el anonimato realizamos las madres». Lejos estaba yo de imaginar que una de las que había dejado sin mencionar era la madre del soldado y más lejos aun que yo sería la protagonista.

Hoy quiero hablar de quienes hemos visto partir a nuestros tan amados hijos y nos toca convivir con la nostalgia y sin arrugarnos, pues no hay quien planche ya que a pesar del dolor de la ausencia somos esos pilares que en oración sostenemos a nuestros hijos mientras ellos se enfrentan a situaciones no solo difíciles sino en las que sus vidas corren peligro.

Pues bien, me ha tocado representar a las miles de madres que llevan en sus corazones ese sentimiento entremezclado de dolor, ausencia y al mismo tiempo de orgullo cuando nuestros hijos están sirviendo a nuestra nación en uno de los cuerpos de las fuerzas armadas de los Estados Unidos de Norteamérica.

Las madres sabemos mejor que nadie que aunque nuestros hijos sean uno, dos y hasta cuatro como los míos y hayan sido engendrados en el mismo vientre, cada uno es una persona independiente y que en algún momento tomarán sus propios caminos...

Pienso que nunca estamos listas para ver el nido vacío y menos aun cuando uno de nuestros polluelos decide marcharse en pos de sus sueños y convicciones. Especialmente cuando sabemos que no vivirá precisamente en un medio ambiente seguro y pacífico, sino que elige «anidar» en un tanque de guerra, algo así como cuando vemos esos nidos que las aves construyen en lugares peligrosos como abismos, los picos de los árboles o los postes del alumbrado público donde sus frágiles vidas penden de un hilo.

Así es la sensación que llevo en mi corazón de madre y aunque mi razón me diga que ha ido en pos de su propósito, el corazón no posee inteligencia y es por ello que a veces llora por la ausencia y busca los hermosos y profundos ojos negros de ese tanquero del ejército llamado Rodrigo Morales.

Con su rostro aún de muchacho, vestido en traje de combate, portando un arma y conduciendo un tanque de decenas de toneladas de acero artillado con balas poderosas, lo acepto en mi mente; pero mi corazón lo extraña y no lo reconoce.

No puedo relacionar aquella cuna en la que un día, esos hermosos ojos negros se cerraban bajo las cortinas de espesas y enmarañadas pestañas para dar lugar al descanso con esa mole de hierro donde mi muchacho pernocta y viaja por días con sus noches en condiciones difíciles, esa es la vida del soldado, dura, arriesgada, entregada y así también –de alguna manera– es la de nosotras sus madres, que desde la distancia los bendecimos y vivimos de rodillas cubriendo con amor y oración sus vidas.

Cuando Rodrigo me comunicó su decisión de servir a la nación –nada más y nada menos que en este tiempo de guerra y bajo el manto del terrorismo– fue algo que no puedo describir con palabras pues solo mi corazón entiende esa sensación de vacío, lo apoyé y lo entendí, pero lo extraño...

Aunque mi Rodrigo vista uniforme de hombre valiente, en mi corazón de madre seguirá siendo mi amor, simplemente mi amado hijo.

Yo soy la madre anónima de un soldado de la unidad de tanques del ejército de los Estados Unidos de Norteamérica. Mi muchacho, mi soldadito, no de plomo sino de carne y hueso, ha recibido la orden de sus superiores para ir a servir a su amada nación a un país lejano, de lengua, raza y costumbres extrañas y como respuesta declaro sobre mi Rodrigo que es valiente y esforzado como el General Josué, que un día en medio de miles de vicisitudes guiara bajo la dirección de Dios a su pueblo a la tierra prometida. Establezco sobre él que depende de la gracia y el favor de Dios para salir adelante en este reto y en lo que ha escogido como su carrera en la vida.

Sé que hay miles de madres en circunstancias difíciles, madres que anhelan una llamada, una carta desde los frentes de guerra, que oran y claman por el regreso de sus hijos a casa.

Concluyo este escrito con la siguiente oración:

«Señor, solo tu mano me sostiene y solo tu espíritu me alienta. Establezco sobre la vida de cada soldado de las Fuerzas Armadas de los Estados Unidos de Norteamérica –dondequiera que se encuentren– que tú cuides su salida y su entrada y que tus ángeles acampen poderosamente sobre cada uno de ellos».

El tanquero Rodrigo Morales es un ciudadano de los Estados Unidos orgulloso de su origen nicaragüense y sirve a su nación Norteamericana en Corea del Sur esperando órdenes.

Hada María Morales es su madre y es una guerrera de oración que trabaja ayudando a las personas en su búsqueda de empleo y como portavoz de una agencia gubernamental, no solo llevando información del mercado laboral a través de los diferentes medios de comunicación sino más que todo ofreciendo un mensaje de esperanza: que no son los únicos y que Dios tiene provisión para ellos.

Hada María Morales es autora de los libros *Madres: un ejército anónimo; Mujer atrévete a ser feliz, Vístete para triunfar, Mujer levántate y resplandece, Atrévete a alcanzar el éxito* y *No arrugue que no hay quien planche.*

Todos esos libros están escritos de una manera sencilla y práctica con el sincero deseo de que la persona que los lea los atesore en su corazón y se sienta realmente motivada al cambio.

32

Desde mi cotidianidad

Hace ya varios días que no escribo y una inquietud ronda mi cabeza. Hoy estoy extrañamente desvelada, pues si hay algo por lo que le doy gracias a Dios es que solo pongo la cabeza en la almohada y caigo redondita.

Pero la tos persistente de este catarro –que me ha dado una gran batalla– me ha mantenido despierta. Por eso pude terminar de leer un libro de una famosa escritora chilena, oír la tormenta en todo su furor y –después de dormir algo–, levantarme muy temprano para realizar algunos deberes de la casa, esperando como una oportunidad única sentarme frente al ventanal, conectar la computadora y darle vuelo a la hilacha.

Para los escritores tener ese momento tan íntimo entre nuestros pensamientos y el teclado de la computadora es algo casi mágico, es como abrir las compuertas del corazón intentando llegar al de los que reciben nuestros escritos y viven a través de las letras este mundo tan especial y casi infinito de las ideas.

Me he puesto un poco complicada y no suelo ser así, pero con esta manía de expresar las ideas de vez en cuando me sucede. Lo que hoy les quiero contar es algo que a pesar de ser tan cotidiano tiene una lección: «Disfruta de todo en la vida, que la oportunidad que tienes hoy para hacerlo mañana será tiempo pasado y –lo más triste– hasta perdido».

Una de las llaves para disfrutar de la vida es el sentido del humor, oh sí. No sé que sería de mí sin esa llave, creo que mi corazón se hubiese oxidado y eso sí que no.

Bueno, el asunto es que este catarro tan espantoso me dio la oportunidad de pensar en muchas cosas desde mi lecho de enferma. Aun en medio de la fiebre pude reflexionar en todas las cosas lindas que Dios me ha dado, cosas cotidianas: una cama cómoda para

descansar, un techo que ha cobijado con ternura mis
momentos tanto alegres como los no tan alegres, una
lamparita que en mis ratitos en que me sentía mejor
abrigaba las páginas de mi devocionario y la novela de
la escritora chilena que al fin terminé, el control remoto
de la tele –que obedecía mis órdenes sin protestar para
cambiar los canales–, y muchas cosas tan triviales que
no tomamos en cuenta y que nos hacen la vida menos
difícil pero que por andar en pos de todo no les damos
importancia y nos olvidamos de agradecer.

Quiero contarles que durante ese tiempo mi esposo, que
lleva un médico dentro aunque es corredor de bienes
raíces, se prestó solícito a cuidarme pero a DISTANCIA... sí,
a distancia.

Antes de continuar con ese acontecimiento tomado de
la cotidianidad de un simple resfriado, quiero comentarles
que hace un tiempo salió una película de una familia
griega cuyo tema principal era la boda de su hija y todo
lo que implicaba desde el romance hasta el día del gran
evento. Cuando estábamos viendo la película, al salir a
escena el personaje del papá que todo lo solucionaba
con el líquido de limpiar cristales, todos nos volvimos
a ver y en un acto de reacción en cadena posamos
los ojos en mi esposo pues, al igual que el papá de la
película, todo lo soluciona con su botella de alcohol
provista de atomizador.

Recuerdo cuando los niños eran pequeños y venían
de la calle, los mandaba a lavarse las manos y luego
tenían que extenderlas para ser rociadas con alcohol,
si pasaba un zancudo también caía abatido o hasta
«emborrachado» por los efectos del líquido espirituoso. Si
pudiera agregarle un poco de emoción, me atrevería a
decir que por causa de su borrachera ese pobre insecto

patas largas hasta hubiera estado dispuesto a cantar una ranchera. Pues, según he oído decir, el alcohol no mata los gérmenes solo los «acicala», pero la verdad es que la botella de alcohol es protagonista en mi lista del supermercado.

Hace un momento les decía que él, con todo amor y devoción, se ofreció a cuidarme a distancia. Pues bien, así fue, para prevenir el contagio se mudó temporalmente a su oficina, que está aquí en casa y antes de entrar al área de peligro, mi cuarto, para saber si aún tenía esposa, rociaba una nube de alcohol. Desde mi lecho de enferma, veía cómo el rocío caía sobre él mientras me hablaba; yo, por supuesto y a pesar del malestar, me destornillaba de la risa.

Una tarde en que me sentía muy mal, me dijo que me iba a acompañar un ratito, por supuesto protegido por su botella de spray. ¿Y han de creer que cada vez que yo terminaba de pronunciar una oración él rociaba alcohol? Lo que me provocó que esa madrugada mis amígdalas me dolieran tanto, al punto de que casi no podía ni tragar. Pero, ¿saben qué? En vez de enojarme, el solo hecho de imaginármelo parado en la puerta «flanqueado» por su nube de alcohol me hacía temblar de la risa.

Así es la vida queridos amigos, tenemos que aprender a no tomar las cosas a lo personal, todos tenemos manías que nos deben tolerar y también nosotros tolerar las de los demás.

Una vez más la idea de este libro se confirma, no hay tiempo para arrugarse, pues como no hay quien planche nuestro destino será caminar tan arrugados como acordeones desafinados y, peor aun, sin la oportunidad de verle el sentido divertido, el sentido del humor, que la vida siempre nos da la oportunidad de ver.

No sé si será cierto esto, pero he oído decir que las personas seguras de sí mismas hasta se pueden reír de ellas. Si eso es cierto, entonces yo soy una persona segura de mí misma, pues a veces por esa distracción que por lo general «ronda» mis días, hago cosas que solo por la misericordia de Dios estoy viva. Como por ejemplo, un día que iba manejando y por bajarle el volumen al radio apagué el carro en plena marcha. O como cuando entré a un lugar y apagué las luces para encenderlas pues no me había fijado que ya lo estaban. Podría seguirles contando cosas producto de ser distraída. Algunas personas me dicen: «Hada María, con esos niveles de distracción ya me hubiera tirado de un primer piso, por lo menos». Y yo, que he tenido que hacerle frente a esta limitación y a otras más estructurándome lo mejor posible, tuve que reírme de esos momentos.

Como mis hijos me conocen han entrado en la «realidad hermosa» de su madre, en cuanto a la distracción y el sentido del humor.

Hoy es una buena oportunidad para que deje de fruncir el ceño y le ponga un fósforo a esa actitud perfeccionista que, si no sale todo bien, le hace caer de frustración.

La vida es corta y nuestro deber es disfrutarla, pedirle a Dios sabiduría para que hagamos todo lo que podamos para mejorarla y, como suelo decirle en nuestras conversaciones: «Padre, he hecho todo lo que me has indicado y no hay cambios, no he visto respuesta. Entonces, Papá, por negligencia no será. Ya esto entra en la categoría de milagro» y sigo adelante.

No le quepa la menor duda de que entregarse es ya el preámbulo del milagro y que la oración tiene el poder de cambiar las cosas.

ORE y verá que no hay tiempo para arrugarse, pues no hay ni un solo voluntario que quiera planchar. Y si tiene una botella de alcohol, póngale un atomizador y úsela responsablemente.

¿Le gustó este capítulo? ¿Tiene algo en común con usted? Así es la vida mis amadas amigas, tenemos que aprender a no tomar las cosas a lo personal, todos tenemos manías, tanto que a veces obligamos a los demás a que nos toleren; pero este asunto es de doble vía, también nosotras tenemos que tolerar a los demás. Feliz día.

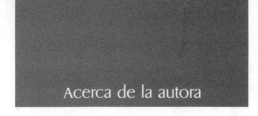

Acerca de la autora

Hada María Morales nació en Nicaragua y ahora vive en Coral Gables, Florida. Ella ha escrito varios libros exitosos incluyendo *Vístete para triunfar* y *Mujer atrévete a ser feliz*. Hada María se ha especializado en Turismo, Relaciones Internacionales y Recursos Humanos. Por medio de la radio y la televisión ella da, en segmentos de cinco minutos, consejos sobre la imagen profesional y recursos de empleo. Siente el llamado de proveer información, ánimo y felicidad al desempleado.